# Lass dich vom Seelenpartner finden

# Lass dich vom Seelenpartner finden

## Schritt-für-Schritt Anleitung
## mit Tipps zum Blockaden lösen

Sandra Gijsbers

# Impressum

1. Auflage 1. Februar 2022
ISBN Taschenbuch: 978-3-00-071317-0
ASIN eBook: B09PMBFSMR



Disclaimer:
Alle Angaben in diesem Buch sind nach bestem Wissen und Gewissen dargestellt. Die Autorin übernimmt keine Haftung in irgendeiner Form für die Richtigkeit der in diesem Buch enthaltenen Informationen. Dieses Buch ersetzt keine medizinische oder psychologische Therapie oder Diagnose. Alle Angaben und Übungen in diesem Buch sind ausschließlich zur Information und Selbsterkenntnis gedacht. Eine Haftung für Personen-, Sach-, Vermögens- oder sonstige Schäden ist ausgeschlossen. Alle Ähnlichkeiten mit Personen und Beispielen aus der Praxis sind rein zufällig und nicht beabsichtigt, alle Namen sind fiktiv.

Autorin: Sandra Gijsbers
Buch veröffentlicht im Selbstverlag
Coverillustration: Myra Sastrarahardja
Covergestaltung: Myra Sastrarahardja
Innengestaltung und Satz: Sandra Gijsbers
Lektorat: Venecia Thomä, Christa Biste, Elisabeth Ritter, Ana Maria Fink

**für meine Freundinnen**

# Inhaltsverzeichnis

*„Der Tag, an dem du einen Entschluss fasst,*
*ist ein Glückstag."*
*aus Japan*

# Einleitung

Das Thema Seelenpartner ist keine Modeerscheinung und kein vorübergehender Trend. Den richtigen Partner fürs Leben zu wählen, ist eine der wichtigsten Entscheidungen, die man im Leben treffen kann. So Vieles hängt davon ab, ob der Partner auf der gleichen Wellenlänge ist, ob er die gleichen Ziele verfolgt, ob er einen unterstützt. Im Endeffekt möchten wir fast alle den einen Seelenpartner an unserer Seite haben, der uns bedingungslos liebt, exakt so, wie wir sind. Jemanden, der zu uns steht und uns in Allem unterstützt. Einen Partner, der uns auffängt, wenn wir es nötig haben. Einen Menschen, bei dem wir uns sicher fühlen und der uns Kraft gibt, auch schwierige Zeiten gemeinsam durchzustehen.

Manche haben dafür ein gutes Händchen, Glück oder sind einfach zur richtigen Zeit am richtigen Ort, um ihrem Seelenpartner über den Weg zu laufen. Für alle anderen gestaltet sich die Suche nach dem Richtigen oft komplizierter. In der Regel ist dieser Weg gezeichnet von Verletzungen, Enttäuschungen und Traumata. Leider habe ich auch nicht zu den Glücksvögeln gehört, sondern musste bittere Enttäuschungen erleben und immer wieder von vorne beginnen. Eine Trennung vom Partner kann auch eine Trennung vom gemeinsamen Freundeskreis bedeuten und in der Regel fällt auch der Kontakt mit seiner Familie danach weg. Arbeitet man zusammen, kann auch das Schwierigkeiten mit sich bringen, so dass man möglicherweise den Wechsel der Arbeitsstelle in Erwägung zieht. So kann eine Entscheidung für oder gegen das Weiterführen einer Partnerschaft weitreichende Kreise im Leben ziehen.

Wie die meisten Teenager war ich mir damals noch nicht im Klaren wer ich bin, was ich brauche oder keinesfalls erdulden will. Da ich in der Schule als übergewichtiges Kind ein beliebtes Mobbingopfer war, kannte ich so etwas wie Selbstvertrauen nicht. Das musste ich mir im Laufe der Jahrzehnte mühsam erarbeiten. Mir war der

Gedanke, Wünsche zu äußern, noch fremd. Manchmal hatte ich das Gefühl, dankbar sein zu müssen, weil sich jemand für dich entschieden hat. Es bleibt natürlich nicht bei der Dankbarkeit. Um sich die Zuwendung des anderen zu sichern muss man sich verbiegen, sich selbst verleugnen und versuchen, es dem anderen so recht wie möglich zu machen. Bloß nicht anecken oder unbequem werden!

Ich kann mich noch an ein Date mit Anfang 20 erinnern. Ich war aufgeregt und voller Hoffnung auf eine Partnerschaft mit ihm. Ich wurde zum allerersten Mal von einem Mann zu sich nach Hause eingeladen. Er wollte für mich kochen! Bereits an der Türe konnte ich die Tomatensoße riechen. Er hat sich richtig Mühe gegeben den Tisch hübsch zu decken und ich war wirklich beeindruckt. So etwas hatte ich bisher noch nicht erlebt. Ganz stolz erklärte er mir, dass ein wenig Butter über den Spaghetti verhindert, dass sie aneinanderkleben. In die Soße hat er einen Schuss Rotwein gegeben und den Rest der Flasche haben wir zu den Spaghetti mit Tomatensoße getrunken. Bevor wir uns nach einem Kuss an diesem Abend verabschiedeten, fragte ich ihn allen Ernstes, ob das zwischen uns geheim bleiben soll oder er sich mit mir in der Öffentlichkeit zeigen möchte. Heute kann ich über meine Unsicherheit nur noch den Kopf schütteln. Damals erschien es mir nach der vorherigen Enttäuschung völlig logisch, dass er es vielleicht nicht ernst meint. Ich wollte ihm keine Umstände machen und sozusagen einen Fluchtweg ermöglichen. So ganz verkümmert war mein Partnerinstinkt damals zum Glück nicht, denn diesem Abend folgten noch fünf turbulente, gemeinsame Jahre. Später war ich auf seiner Hochzeit zu Gast und wir sind auch heute nach über 20 Jahren noch in Kontakt.

Das war meine erste langjährige Beziehung. Das Einzige, was mich damals angezogen hat, war, dass mich dieser Mann beim Kennenlernen mit seinen Witzen zum Lachen brachte. Auf Gemeinsamkeiten, Werte oder Eigenschaften habe ich nicht geachtet. Nach der Achterbahnfahrt in dieser Beziehung wurde ich klüger. Ich wusste danach ganz genau, was ich keinesfalls mehr möchte.

Tja, was soll ich sagen: Diese Strategie musste in den nächsten Beziehungen noch ausgefeilt werden. Im Laufe der Jahre habe ich mich und meine Bedürfnisse immer besser kennengelernt. Meine Partnerwahl wurde mit jedem Mann passender. Die Beziehungen wurden dadurch glücklicher, weil ich jedes Mal das Augenmerk auf genau den Punkt richtete, der mir in der vorherigen Beziehung besonders gefehlt oder weh getan hat. Trotzdem erkannte ich starke Parallelen zu dem Film „Teuflisch" mit Brendan Frazer und Elisabeth Hurley, den ich übrigens als Lehrmaterial zum Thema Partnerwahl wärmstens empfehlen kann. Genauso wie in dem Film habe ich mit jedem Mann Verbesserungen an meiner Mann-Bestellung vorgenommen, aber irgend etwas lief dann doch wieder schief. So entdeckte ich mit jedem Mann mehr Punkte, die mir wichtig sind und auf die ich achten muss. Andernfalls habe ich immer das eine Wichtige bekommen, aber ein bisher unbeachtetes Detail wurde zum Beziehungskiller.

Wenn man es so will, bin ich also seit über 30 Jahren in der Live-Recherche für dieses Buch. Doch erst jetzt biete ich meine Erfahrungen als Frau und Therapeutin in diesem Buch anderen an, denn erst jetzt weiß ich, was alles beachtet werden muss, um vom perfekten Seelenpartner gefunden zu werden.

Als ich vor den Trümmern meiner gescheiterten Ehe stand, hatte ich erstmal genug von Männern. Aber ich kannte mich zu gut, um zu wissen, dass ich sehr gerne in einer Beziehung bin. Trotz meiner Verletzungen konnte ich mir ein Leben als Single auf Dauer nicht vorstellen – ich wollte es mir nicht einmal vorstellen. Also habe ich das gemacht, was schon so viele vor mir getan haben: Ich habe mich auf einer bekannten Partnerbörse online angemeldet und mein Profil ausgefüllt. Die letzte Frage lautete: „Was ist dir peinlich?“ Hm, da musste ich echt nachdenken, da ich zu dem Blödsinn stehe, den ich mache. Aber dann wurde mir klar, was mir peinlich war und ich schrieb: „Dass ich es nötig habe, hier nach einem Partner zu suchen.“ So wurde mir schlagartig bewusst, dass ich keinen Bock hatte auf einen ermüdenden Marathon durch die Online Dating Welt. Ich habe mich ausgeloggt, den Laptop zugeklappt und mir die Alternativen überlegt. Mein Problem war, dass ich in einem 500 Seelen Dorf gewohnt und gearbeitet habe und auch meine Pferde bei mir am Haus hatte. Mein Alltagsradius war auf ca. drei km beschränkt. Ich fuhr ins Nachbardorf zum Einkaufen, der Rest meines Lebens spielte sich daheim ab. Um einen Partner kennenzulernen, musste es also entweder ein Klient sein - was ich nicht wollte - oder der Briefträger. Nach flüchtiger Begutachtung schied der Briefträger bereits am ersten Tag aus. Meine Möglichkeiten den Seelenpartner oder irgendeinen in Frage kommenden Mann kennenzulernen, waren durch meine Online-Aversion also verschwindend klein.

Meine Mutter hat es mit ihrer ehrlichen und direkten Art auf den Punkt gebracht: „Wie willst du denn einen neuen Partner finden mit deinem Übergewicht, Hautproblem, dem Darlehen, den ganzen Tieren und dieser esoterischen Art!“ Das war damals wirklich hart, aber es hat mir gezeigt, dass ich jetzt Nägel mit Köpfen machen musste, denn ich war 40 und wurde schließlich nicht jünger.

Das war der Moment der Erkenntnis. Ich entschied mich, alle Erfahrungen aus meinem Leben sowie den Behandlungen und Coachings meiner Klienten zu nutzen, um den perfekten Partner für den Rest meines Lebens zu finden. Es musste jetzt wirklich der richtige, endgültige Mann sein. Ich hatte keine Lust mehr noch zigmal von vorne anzufangen, ein gemeinsames Leben aufzubauen, nur um wieder enttäuscht zu werden und vor dem Nichts zu stehen.

Ich bin also all das, was auf den folgenden Seiten an Anleitungen zu finden ist, Schritt-für-Schritt für mich durchgegangen. Ich habe meine Zweifel und Blockaden aufgelöst und gewartet. Mir war in dem Moment auch ohne die Hilfe meiner Mutter durchaus klar, dass ich nicht der einfachste Fall bin.

Ich hatte definitiv keine Zeit und Lust, auf die Suche nach einem Mann zu gehen. Meine Tage waren straff durchorganisiert, um alles alleine auf die Reihe zu bekommen. Da war keine Zeit für ewig langes Chatten auf irgendwelchen Plattformen. Ihn bei der Arbeit kennenzulernen – was früher bereits gelungen ist - schied auch aus, denn wenn sich ein Mann in meiner Heilpraktiker-Praxis einfand, wurde der in der Regel von seiner Partnerin geschickt. Mit 40 sind die Möglichkeiten jemanden in der Disco oder auf einer Party kennenzulernen auch eingeschränkt. Außerdem bin ich wahnsinnig gerne daheim bei meinen Tieren. Mein Sternzeichen ist „Krebs". Da ist das Zuhause gerade in schwierigen Zeiten die sichere Burg, in die man sich zum Wunden lecken zurückzieht. Den Schwierigkeitsgrad habe ich somit noch erhöht, als mir bewusstwurde, dass ich nicht nach einem Mann suchen will. Ich wollte wie im Märchen gefunden werden! Das Universum sollte mir meinen perfekten Seelenpartner nach Hause liefern. Wenn schon, dann richtig, oder?

Anschließend habe ich mich an die Ausschlusskriterien erinnert, welche laut meiner Mutter dieses Unterfangen sozusagen unmöglich machen. Hier war ich kurz versucht, mir einen Partner zu wünschen, der mit meinen Macken leben kann. Aber dann wurde mir bewusst, dass mir das nicht reicht. Ich will nicht dankbar dafür sein, dass ich geduldet werde. Inzwischen war ich schlau genug zu erkennen, dass sich Gegensätze anziehen. Es ist spannend im Anderen Seiten zu erkennen, die man selbst nicht hat. Leider finde ich diese Besonderheiten am Anderen nach einer gewissen Zeit nicht mehr so toll. Auf Dauer ist es entspannter, wenn der andere ähnlich tickt wie ich. Dann fühle ich mich verstanden und richtig. Darum sollte mein perfekter Seelenpartner für den Rest meines Lebens meine Macken nicht nur akzeptieren, sondern richtig gut finden und sie am besten noch mit mir leben. Im Nachhinein war das eine der besten Entscheidungen, die ich treffen konnte, denn seit Jahren genieße ich es viermal pro Woche, gemeinsam mit meinem spirituellen Mann mit unseren Pferden zu reiten. Er duldet das Hobby Pferd nicht nur. Er hilft mir nicht nur bei den anfallenden Tätigkeiten. Nein, es ist auch sein Hobby und wir genießen es gemeinsam, so oft wie nur möglich. Um es kurz zu machen, ich habe all die folgenden Aufgaben bis ins Detail ausgeführt und es dem Universum überlassen, von wo es diesen perfekten Seelenpartner herzaubert. Hier hat mir all mein spirituelles Vorwissen ungemein geholfen. Ich wusste bereits, dass man dem Universum lediglich sagen soll, was man genau möchte, aber nicht, wie es das Ganze realisieren soll. Darauf hätte ich sowieso keine Antwort gewusst.

Hatte ich schon erwähnt, dass ich nicht der einfachste Fall bin? Erschwerend kommt nämlich hinzu, dass ich erstens als „Krebs" nicht gerne alleine und zweitens extrem ungeduldig bin. Die gutgemeinten Ratschläge, mich nach der Trennung erstmal um mich selbst zu kümmern, das Drama zu verarbeiten und mich in einem Jahr allmählich nach einem neuen Partner umzusehen, habe ich komplett ignoriert. Ich beschloss, dass ich so schnell wie möglich den Richtigen an meiner Seite haben möchte. Die Verletzungen und Traumata konnte ich genauso gut parallel zur neuen Beziehung heilen. Wie gesagt, ich war bereits 40, da wollte ich nicht noch mehr kostbare Zeit verschwenden.

Das Wunderbare in solch tristen Zeiten ist, dass das Universum am besten arbeiten kann, wenn man loslässt. Ich war etwas überfordert mit meinem neuen Leben, den finanziellen Verpflichtungen und dem inneren Chaos, so dass ich keine Ahnung hatte, woher der Partner kommen sollte. Daher fiel es mir vergleichsweise leicht loszulassen und dem Universum zu vertrauen. Ich hatte doch keinen Plan wie all das, was ich mir wünschte, überhaupt verwirklicht werden kann.

Selbst heute bekomme ich noch Gänsehaut, wenn ich an die Zeit zurückdenke. Es ist unglaublich, wie sich Synchronizitäten ergeben und Dinge passieren, über die man nur verwundert den Kopf schütteln kann. Die Geistige Welt nimmt einen an die Hand, wenn man es nur zulässt und der eigenen Intuition folgt. Damit sage ich nicht, dass das immer leicht war, denn ich hatte durchaus meine Durchhänger. Aber es war machbar. Drei Wochen nach der Trennung von meinem Ex-Mann lernte ich einen Mann kennen, bei dem bis auf zwei Punkte, mit denen ich hätte leben können, ganz viel gepasst hat. Vom ersten Abend an war eine Vertrautheit zwischen uns. Ich war fest davon überzeugt, dass das ein Zeichen des Universums war und er somit der Richtige. Nur hat sich nach einer Woche gezeigt, dass er noch nicht über seine Ex-Freundin hinweg war und ich stand wieder alleine da. Ich hatte eine Stinkwut auf die Geistige Welt, weil ich trotz meiner Verletzungen so mutig war und mich geöffnet hatte. Da war es nicht fair, mir nochmal eine Enttäuschung zu servieren. Ich hielt an meinem ursprünglichen Plan fest, habe aber die zwei nicht so tollen Punkte dieses Zwischen-Mannes plus seine Unentschlossenheit in meiner Liste ergänzt, damit mir das nicht nochmal passiert. Mir wurde bewusst: Man kann einfach nicht umsichtig und detailliert genug sein.

Was soll ich sagen, in der Woche danach entdeckte ich bei einem Coach eine faszinierende Fähigkeit, die ich unbedingt selbst erlernen wollte. Tatsächlich fand der Kurs dazu sowohl zwei Wochen als auch vier Wochen später ganz in meiner Nähe statt. Was für ein Zufall! Ich hätte unmöglich irgendwohin reisen können für den Kurs, aber so konnte ich das gut organisieren. Meine Freundin und ich melde-ten uns für den früheren Termin des Kurses an. Bereits da hatte ich das Gefühl, dort den neuen Partner kennenzulernen. Meine Freundin lachte nur und erinnerte mich daran, dass es sehr unwahrscheinlich ist, auf einem spirituellen Seminar einen Mann kennenzulernen.

Als wir am ersten Seminartag auf den Parkplatz fuhren, stand dort ein Kombi mit niederländischem Kennzeichen und ich sagte „Sieh mal, ein Holländer ist auch dabei!". Antwort meiner Freundin: „Holländerin! Das ist eine Familienkutsche!" Was soll ich sagen, wir gingen in den Aufenthaltsraum und ich sah sofort, dass ich Recht hatte. Er sah wie der Prototyp eines Holländers aus, wenn man durch Rudi Carrell geprägt wurde. Noch am ersten Seminartag hat er mir auf eine freundliche Frage eine dermaßen barsche Abfuhr erteilt, dass meine Freundin fest davon ausging, dass er für immer unten durch ist bei mir. Aber ich habe es nicht persönlich genommen und innerlich abgehakt. Im Laufe der Seminarwoche haben wir uns besser kennen und schätzen gelernt. Es stellte sich zu meiner großen Enttäuschung jedoch heraus, dass er verheiratet war und vier Kinder hat. Damit war das Thema Beziehung erledigt und es war klar, dass es bei einer Freundschaft bleiben würde.

Um die Geschichte abzukürzen: Er hat sich von sich aus innerhalb von zwei Wochen zu einer Trennung entschieden, unabhängig davon, ob es mit uns etwas wird oder nicht. Ich blieb vorsichtig, denn es gibt genug Frauen, die jahrelang darauf warten, dass sich ein Mann wirklich trennt und sich für sie entscheidet. Das stand definitiv nicht auf meiner Wunschliste für die Zukunft. Kurzum, sechs Wochen nach meiner Trennung von meinem Ex-Mann habe ich meinen jetzigen Mann Cris kennengelernt. Letzten Endes war er noch vor mir geschieden und nach einem guten Jahr Fernbeziehung habe ich alles hinter mir gelassen, mein Haus verkauft, meine Heilpraktiker-Praxis aufgegeben, all meine Tiere eingepackt und bin zu ihm in die Niederlande gezogen. Inzwischen sind wir verheiratet und ich wundere mich immer wieder, wie viele Punkte zwischen uns perfekt passen, obwohl ich sie nicht einmal auf meiner Liste hatte.

Meine Familie und Freundinnen überraschte es vor allem, dass ich mir von Anfang an so sicher war, dass er der Richtige ist. Trotz all der Alltagsprobleme und dem Ärger wegen unserer Scheidungen bin ich zielstrebig und ohne Zögern meinen Weg gegangen. Mit dem Umzug habe ich alle Sicherheiten und meine Selbständigkeit aufgegeben. Innerlich spürte ich, dass diese Verbindung anders ist. Keine oberflächliche Beziehung oder auf hormonellem Ungleichgewicht basierend. Dieses innere Vertrauen, diese Sicherheit machte es möglich alle Schwierigkeiten zu überwinden, die wir natürlich wie andere auch hatten.

In allem, was du auf den folgenden Seiten also für dich auf die Wunschliste für den perfekten Seelenpartner setzt, musst du dir über die Möglichkeiten der Realisierung keine Gedanken machen. Mein Mann hat immer einen vollen Terminkalender. Doch genau in jener Woche hatte er keine Termine. Er sah die Werbung für das Seminar und entschied sich spontan teilzunehmen. Er wurde somit über 450 km zu mir gebracht, sozusagen vor die Haustüre geliefert, genau wie ich es bestellt hatte. Er hat den gleichen Beruf, ist tierlieb und begann nach 30 Jahren wieder mit dem Reiten. Es kann dir also vollkommen egal sein, woher dein Seelenpartner kommt und wie er zu dir kommt. Überlasse das „Wie" der Geistigen Welt, nachdem du deine Hausaufgaben gemacht und die folgenden Aufgaben erledigt hast. Lass uns jetzt also anfangen, an deinem Liebesglück zu basteln.

*„Feste Entschlossenheit & Klarheit im Inneren,
sanfte Anpassung und Stärke im Äußeren:
das ist der Weg, etwas zu erreichen."
aus Japan*

# 1 Maximaler Erfolg

Es gibt viele wichtige Dinge im Leben. Gesundheit, Familie, Kinder, Job, Geld, Erfolg, Freundschaften, Spiritualität, Hobbys, Sex und Partnerschaft. Der Wunsch nach einer glücklichen Partnerschaft ist wahrscheinlich der Grund dafür, dass du dieses Buch liest. Gibt es eine Zeit in deinem Leben, als du gesund warst und es beruflich okay war, aber der Bereich Partnerschaft nicht passte? Hast du gemerkt, dass dir etwas Wichtiges fehlt, wenn du das Thema Partnerschaft nicht wie gewünscht leben kannst? Dass es auf Dauer wenig nützt im Beruf noch erfolgreicher zu sein, mehr Sport zu treiben oder öfter mit Freunden wegzugehen? Es gibt diesen einen Bereich deines Lebens, der sich nur mit Freude füllen kann, wenn du den richtigen Partner an deiner Seite hast.

Viele gehen davon aus, dass der Mensch nicht dafür geschaffen ist alleine zu sein. Wenn man sieht, wie viele Menschen in unglücklichen Beziehungen verharren, nur um nicht alleine sein zu müssen, wird deutlich, wie stark dieser Wunsch nach Zweisamkeit ist. Ob es nun evolutionär bedingt der Fortpflanzung dient, die Überlebenschancen erhöht oder spirituell gesehen sich die männliche und weibliche Kraft finden und vereinen wollen, spielt keine Rolle. Fakt ist, dass meist nur verletzte und enttäuschte Menschen eine Paarbeziehung scheuen, aus Angst vor weiteren Verletzungen. Die meisten haben durchaus die Sehnsucht nach einer glücklichen Partnerschaft, vielleicht sogar den Wunsch nach einem Seelenpartner.

Manche Menschen sind Naturtalente. Sie haben für Partnerschaften ein gutes Händchen, so wie manche gut mit Geld umgehen können oder mit Leichtigkeit ein neues Instrument spielen lernen. Falls du bisher nicht zu diesen Glücksvögeln gehörst, kannst du mit Hilfe dieses Buches endlich zu deiner Wunschbeziehung finden. Daher die gute Nachricht gleich am Anfang: Ich habe es durch viele Lernerfahrungen mit Höhen und Tiefen geschafft, am Ende in einer glücklichen Partnerschaft zu leben. Viele meiner Klientinnen, die mit Beziehungsproblemen in meine Praxis kamen, haben es ebenfalls geschafft, ihren persönlichen Traumprinzen in ihr Leben zu ziehen und mit ihm glücklich zu werden. Und wenn sie und ich das können, kannst du es mit dieser Anleitung hier im Buch auch!

Verletzungen und Enttäuschungen hinterlassen Wunden, die schwer zu heilen sind. Daher freue ich mich, dass du dich entschlossen hast, dir einige potentielle Wunden zu ersparen. Schön, dass du dir erlaubst, von den Erfahrungen anderer zu profitieren. Das Leben – dein Leben - ist zu kurz für Schmerz und Traurigkeit!

Dieses Buch ist also für dich! Es hat eine Resonanz in dir ausgelöst, sonst wäre es dir nicht in die Hände gefallen. Wie es scheint, steht hier etwas Wichtiges für dich, sonst würdest du das hier jetzt nicht lesen. Offensichtlich willst du glücklich sein in einer Partnerschaft und bist bereit, etwas dafür zu tun. Glückwunsch! Deine Absicht hat dich dazu gebracht, als erste aktive Handlung dieses Buch in die Hand zu nehmen. Gratulieren möchte ich dir auch zur zweiten aktiven Handlung: mit dem Lesen anzufangen!

Die Tipps und Aufgaben in diesem Buch sollen dir helfen, dauerhaft den für dich perfekten Partner in dein Leben zu ziehen. Aus diesem Grund ist es einerseits ein Ratgeber, der dir wertvolle Tipps und Hintergrundwissen. Andererseits hast du die Möglichkeit, praktische Übungen, Visualisierungen und Rituale zu machen, um bestehende Blockaden aufzulösen, denn Wissen alleine reicht nicht immer aus, um Herausforderungen zu überwinden.

Die Übungen und Rituale stammen aus meiner Arbeit als Heilpraktikerin und Coach. Es sind verschiedene Methoden aus dem Bereich Systemisches Familienstellen, Schamanische Psycho-Kinesiologie, Rückführungen, Akasha Chronik Reading, Energetische Heilweisen und vielen anderen Techniken, die sich in der Praxis als effektiv erwiesen haben. Soweit wie möglich findest du in diesem Buch also Anregungen, wie du dir selbst helfen und deine Blockaden auflösen kannst auf dem Weg zu einem Leben mit deinem Seelenpartner.

Am effektivsten ist der Prozess, wenn du dir Notizen machst. Beim Schreiben bist du viel fokussierter, als wenn du nur über etwas nachdenkst. Sind die Ideen erst einmal greifbar auf Papier, kannst du deine Gedanken und Wünsche immer wieder überarbeiten, falls sie sich ändern. Oft fällt einem auch erst etwas auf, wenn man es schwarz auf weiß vor sich sieht.

Mache dir dabei bewusst, dass niemand anderes deine Notizen sehen muss. Du machst sie ausschließlich für dich. Somit spielt es keine Rolle, ob du schön oder gut leserlich schreibst, dich gut ausdrückst, deine Gedanken strukturiert oder Schreibfehler enthalten sind. Es geht einzig und allein darum, den größten Erfolg - sprich den perfekten Seelenpartner - als Endresultat in deinem Leben zu haben.

Ich empfehle dir, ein schönes Notizbuch und einen besonderen Stift zu kaufen. So kannst du alle wichtigen Übungen und Rituale in dem Notizbuch festhalten, überarbeiten oder wiederholen. Dieser extra Aufwand zeigt dir und deinem Unterbewusstsein mit jedem Gebrauch die Wichtigkeit deines Wunsches nach einer glücklichen Partnerschaft. Alternativ kannst du das kostenlose Workbook zu diesem Buch mit all den Aufgaben und Übungen als PDF-Datei herunterladen, den Link dafür findest Du am Ende dieses Buches unter „Kontakt". Das wäre deine dritte aktive Handlung.

Erfahrungsgemäß suchen hauptsächlich Frauen Hilfe bei Beziehungsproblemen. Männer meinen leider oft, ihre Probleme alleine lösen zu müssen. Daher spreche ich in diesem Buch vorrangig Frauen an. Falls es doch ein Mann geschafft hat, dieses Buch in die Hand zu nehmen, freue ich mich umso mehr, denn das Prinzip gilt für alle gleichermaßen, Mann oder Frau, hetero oder homo. Aufgrund dieser Erfahrungen ist auch dieses Buch hier entstanden, damit alle auf dem Weg zum perfekten Seelenpartner die Anleitungen nachlesen und ihre Blockaden auflösen können.

Die Haupt-Zielgruppe ist somit der Grund, warum ich in den Formulierungen Frauen anspreche, die sich von ihrem Seelenpartner finden lassen möchten. Es ist gerade sehr in Mode, alle Geschlechter und diejenigen, welche nicht wissen was sie sind oder sein möchten, politisch korrekt anzusprechen. Doch ich habe mich aus Gründen der besseren und flüssigeren Lesbarkeit bewusst für die Haupt-Zielgruppe der Frauen entschieden und bitte alle anderen um Verzeihung. Bitte fühle dich genauso liebevoll angesprochen, egal ob du ein Mann oder etwas anderes bist oder/und eine gleichgeschlechtliche Beziehung anstrebst. Im Grunde ist es alles das Gleiche: Mensch sucht Mensch zum Glücklichsein.

Inzwischen stellt sich dir vielleicht die Frage, warum hier die Du-Form genutzt wird. Ganz einfach. Es geht hier um sehr persönliche, wichtige Details über dein Beziehungsleben und ich möchte dir so gut wie nur möglich dabei helfen, den für dich perfekten Partner zu manifestieren. Daher werde ich meinen Teil dazu beitragen, das bestmögliche Ergebnis für dich zu erreichen. Der Rest liegt in deiner Verantwortung. Um meinen Teil so effektiv wie möglich zu gestalten, habe ich mich für das „Du" in der Ansprache entschieden. Das soll die Distanz mangels des persönlichen Kontakts verkleinern. Bist du per-Du mit jemandem, nimmst du eher einen Tipp an als von einem Fremden, oder?

Außerdem finde ich es wichtig, ehrlich zu sein, um den größtmöglichen Effekt für dich zu erzielen. Es kann daher sein, dass du dich in manchen Kapiteln ertappt fühlst oder ein wunder Punkt getroffen wird. Wie du im Vorwort lesen konntest, hat bei mir die Ehrlichkeit meiner Mutter einen wichtigen Beitrag geleistet, auch wenn es im ersten Moment weh getan hat.

Was erwartet dich nun auf den folgenden Seiten? Dieses Buch ist chronologisch aufgebaut, jedes Kapitel baut auf dem vorherigen Kapitel auf. Ich empfehle dir, das Buch zumindest einmal komplett durchzulesen und die Aufgaben zu machen. Danach ist es nicht zwangsläufig nötig, die chronologische Reihenfolge einzuhalten, wenn dich aktuell ein spezielles Thema beschäftigt oder du Veränderungen an dir oder deiner Bestellung vornehmen möchtest.

Vielleicht hast du auch eine Freundin, mit der du zusammen die Übungen machen kannst, damit ihr beide euch den optimalen Seelenpartner in eure Leben zieht. Wenn ihr all die Übungen gemeinsam macht, bekommt ihr noch mehr Inspirationen und Ideen für die optimale Bestellung. Eventuell kann dich die Freundin auch auf Fehlbestellungen hinweisen, da sie dich in mancher Hinsicht besser kennt als du dich selbst.

Solltest du dieses Buch in Händen halten während du gerade in einer Partnerschaft bist, so könnte das ein Indiz für eine unerfüllte Sehnsucht sein. Vielleicht hast du das Gefühl, dass der aktuelle Partner nicht der Richtige ist, um deine Sehnsucht zu erfüllen. Vielleicht weißt du selbst noch nicht, was dir eigentlich fehlt und entdeckst es im Laufe dieses Buches. Das macht es deinem Partner eventuell leichter, dir deine Wünsche zu erfüllen und derjenige zu werden, den du brauchst. Und vielleicht entdeckst du Seiten an dem jetzigen Partner, welche dir vorher nicht aufgefallen sind, aber ganz gut zu deiner Wunschliste passen. Du kannst die Aufgaben in diesem Buch also mit oder ohne aktuellen Partner machen. Beobachte dich währenddessen einfach gut, ob sich die Partnerschaft zum Besseren entwickelt oder dir klar wird, dass du mit diesem Partner nicht glücklich wirst und etwas verändern solltest. Egal in welche Richtung es geht, lass dir vom Universum helfen, den optimalen Partner in dein Leben zu ziehen – ob es nun ein neuer oder der alte in veränderter Form ist.

Für den Fall, dass du einen Partner hast oder ein Auge auf jemanden geworfen hast, musst du ein wenig besser aufpassen bei den Übungen als jemand, der niemand Bestimmtes im Blick hat. Wenn du gerade frisch verliebt bist, neigst du dazu, deine Wunschliste für den perfekten Partner an die Eigenschaften genau dieses Mannes anzupassen. Darum mache dich frei von dem Wunsch, dass genau dieser Mann der Seelenpartner sein muss. Sonst steuerst du von vorneherein einen Kompromiss an. Greif nach den Sternen und ziehe den perfekten Seelenpartner in dein Leben – was natürlich genauso gut dieser Mann sein kann. Es wird sich zeigen, ob er der Richtige ist.

Man kann eine Tür aufmachen, hindurchgehen muss jeder selbst. Vielleicht fühlst du dich im Moment noch nicht bereit dazu, Verantwortung für dein Beziehungsleben zu übernehmen. Falls du dich dazu entscheidest, eine Zeit lang in der Opferhaltung zu bleiben und die Welt, deine Eltern oder Ex-Partner für dein Unglück verantwortlich zu machen, kann ich dem zustimmen. Mein Wunsch ist, dass du dieses Buch behältst und es wieder zur Hand nimmst, wenn du genug gelitten hast und bereit bist dein Beziehungsthema in Harmonie zu bringen.

Wenn du etwas anderes haben willst als das, was du bisher bekommen hast, dann musst du etwas anderes tun, um andere Resultate zu erhalten. Bereits Albert Einstein sagte, dass es verrückt ist, das Gleiche zu tun und andere Resultate zu erwarten. Also vielleicht musst du in manchen Bereichen teilweise anders denken, handeln oder werden als bisher. Willst du jetzt loslegen? Dann lass uns anfangen.

*„Sei dazu entschlossen,*
*und die Sache ist getan.“*
*aus China*

# 2 Deine Absicht

Der erste aber wichtigste Schritt auf dem Weg zur glücklichen Partnerschaft ist deine klare Absichtsbekundung. Du musst dich dafür entscheiden was du möchtest, sonst weiß deine Seele und das Universum nicht, was es für dich erschaffen soll. Ich gebe dir dazu ein Beispiel.

Stell dir vor, du stehst am Straßenrand und winkst ein Taxi heran. Sobald eines vor dir hält, steigst du ein. Auf den kalten Ledersitzen der Rückbank machst du es dir bequem. Der Taxifahrer fährt los, um den Verkehr nicht zu behindern und wartet darauf, dass du ihm das Ziel der Fahrt mitteilst. Der Taxifahrer ist ganz entspannt, denn der Taxameter läuft und er verdient Geld. Doch dann kommt ihr an einen Kreisverkehr mit mehreren Ausfahrten. Was soll er tun? Er versucht im Rückspiegel Blickkontakt mit dir aufzubauen und fragt nach dem Zielort, damit er weiß, welche Ausfahrt er nehmen muss. In diesem Beispiel würde der Taxifahrer jetzt so lange im Kreis fahren, bis du ihm sagst, wo die Reise hin gehen soll. Dann weiß er, welche Ausfahrt er nehmen muss. Im wahren Leben ist es ähnlich. Ohne klare Zielvorgabe kommst du nirgends an, auch wenn du durch die Gegend fährst. Dein Leben ist vielleicht gerade wie eine Fahrt im Kreisverkehr. Ist dir bereits schwindelig oder übel vom im Kreisfahren, ohne vom Fleck zu kommen?

Manche Singles sind fest davon überzeugt, dass sie bereits eine klare Absicht zum Finden des perfekten Partners getroffen haben. Doch möglicherweise war diese Absicht noch nicht eindeutig oder kraftvoll genug. Es kann also nichts schaden, wenn du dies jetzt noch einmal tust, sozusagen als soliden Grundstein für das, was in den folgenden Kapiteln kommt.

Übrigens ist die Absicht eine der wirkungsvollsten Maßnahmen, die du für jeglichen Wunsch nutzen kannst. Im Universum ist alles Energie. Die Energie folgt der Aufmerksamkeit. Wenn du dich laserscharf auf eine bestimmte Absicht konzentrierst, gibst du diesem Wunsch oder Ziel die Kraft sich zu verwirklichen. Dabei ist es wichtig, dass die Absicht nicht zu lange und verwässert ist, sondern sich wirklich auf die wichtigsten Kernelemente bezieht. Sie sollte aus möglichst einem kraftvollen Satz bestehen und keine 20 Kommas enthalten. Die Details hinter dieser Absicht werden wir im Anschluss ausarbeiten.

Dieser starke Fokus deiner Absicht wird noch kraftvoller, wenn du sie laut aussprichst und nicht nur denkst. Wenn wir etwas denken, sind wir in der Regel unkonzentrierter und gedanklich schnell beim nächsten Thema, anderen Ideen oder Zweifeln. Gerade Frauen sind bekannt dafür, viele Gedanken gleichzeitig zu haben und auch schnell von einem zum nächsten springen zu können. Wenn du deine Absicht also aufschreibst und anschließend laut aussprichst, bist du fokussiert und gibst richtig viel Kraft in dieses Vorhaben. Wenn du am Ende des Satzes mit der Stimme nach oben gehst, ist es wie eine Frage. Das nimmt der Absicht Kraft. Vor allem ist es wichtig, deine Absicht mit absoluter Sicherheit auszusprechen, im Wissen, dass es so kommt.

Überlege dir, welcher kraftvolle Satz dein Ziel am besten beschreibt, so dass du möglichst schnell und komfortabel ans richtige Ziel kommst. Brauchst du ein paar Ideen dazu? Nutze diese Anregungen für deine persönliche Absicht.

- ♥ Ich habe jetzt die Absicht, meinen perfekten Partner für den Rest meines Lebens anzuziehen und dauerhaft eine glückliche Partnerschaft mit ihm zu leben.
- ♥ Ich habe jetzt die Absicht, all meine Blockaden für die Begegnung mit meinem Seelenpartner aufzulösen.
- ♥ Ich habe jetzt die Absicht, all meine Blockaden und Ängste vor Nähe und Partnerschaft zu heilen, um mit meinem jetzigen oder dem für mich perfekten Partner in Harmonie zu leben.
- ♥ Ich habe jetzt die Absicht, den für mich perfekten Seelenpartner in mein Leben zu ziehen, der mich bedingungslos liebt.
- ♥ Ich habe jetzt die Absicht, einen genauso verrückten, lebensfrohen Seelenpartner wie ich es bin, anzuziehen, für ein Leben voller Überraschungen.
- ♥ Ich habe jetzt die Absicht, zu der Frau zu werden, die den perfekten Seelenpartner in ihr Leben zieht und glücklich mit ihm ist.

Formuliere deine persönliche Absicht so klar und kraftvoll wie möglich in ein bis maximal drei Sätzen und schreibe sie in dein Notizbuch oder Workbook. Zusätzlich kannst du deine Absicht auf einen Zettel schreiben, den du dort aufhängst, wo du ihn täglich siehst. Das verstärkt den Effekt. Vielleicht möchtest du diesen Zettel auch fotografieren und als Hintergrund-Bild für Handy oder Computer nutzen.

Wenn du ein künstlerischer oder optischer Typ bist, kann das Basteln einer Collage - einem sogenannten Vision-Board - sehr effektiv sein zum Manifestieren. Schneide dafür Bilder aus Zeitschriften aus oder drucke Fotos aus dem Internet aus. Hänge sie auf eine Pinnwand oder klebe sie auf ein großes Blatt Papier. Positive Zitate und Sprüche können deine Absicht unterstützen. Hänge dieses Vision-Board so auf, dass du es regelmäßig siehst. Also zum Beispiel über dem Schreibtisch, an deiner Schranktür oder gegenüber der Toilette. Dies hilft deinem Unterbewusstsein immer wieder, sich auf diese Absicht zu fokussieren.

Aufgabe: Kraftvolle Absicht in 1-3 Sätzen formulieren. Absicht mit dem Basteln einer Collage bzw. eines Vision-Boards unterstützen.

**Ich habe jetzt die Absicht ______________________________.**

*„Wer das Ziel kennt, kann entscheiden,*
*wer entscheidet, findet Ruhe,*
*wer Ruhe findet, ist sicher,*
*wer sicher ist, kann überlegen,*
*wer überlegt, kann verbessern."*
*Konfuzius*

# 3 Warum die Mühe

Spürst du in dir diese Sehnsucht nach deinem Seelenpartner? Hast du das Gefühl, dass er irgendwo da draußen ist und auf dich wartet? Hast du genug von mittelmäßigen oder verletzenden Beziehungen? Mit diesen Wünschen und Sehnsüchten bist du nicht alleine. Der nächste Schritt zur Verwirklichung sind deine inneren Beweggründe, also warum du dir einen Seelenpartner an deiner Seite wünschst.

Elementar wichtig ist, dass du Gründe dafür hast, aktiv zu werden. Diese Gründe musst du dir vor Augen führen. Es ist sozusagen die Karotte, die du dir vor die Nase hängst, um auch bei Problemen oder Durststrecken weiterzumachen. Diese positiven Warum-Gründe sind wichtig für dich, um motiviert zu bleiben. Doch nicht jeder lässt sich gut durch die sogenannte Karotte vor der Nase motivieren. Manche möchten eher dem Schmerz ausweichen, sozusagen der Peitsche, welche sie vorantreibt. Es gibt also Gründe für eine Partnerschaft, auf die du dich freust. Diese positiven Gründe machen dich glücklich in einer Partnerschaft. Daneben gibt es die Dinge, die du vermeiden willst und dir erhoffst, dass sie dir mit einer Partnerschaft erspart bleiben.

Fangen wir mit der Karotte an: Nimm dir also dein Notizbuch oder Workbook zur Hand und schreibe zunächst all die positiven Warum-Gründe auf, warum du eine Partnerschaft willst. Welche Bereicherungen kommen damit in dein Leben? Worauf freust du dich?

Dann widmen wir uns der Peitsche: Schreibe all die schmerzlichen Warum-Gründe auf, die du mit einer Partnerschaft vermeiden möchtest. Wovor soll dich eine Partnerschaft behüten? Was bleibt dir erspart, wenn du eine Beziehung hast? Welche Konsequenzen des Alleinseins willst du nicht erleben?

Manchmal überlappen sich diese Gründe auch, da man es von zwei Seiten betrachten kann, aber das ist kein Problem. Lieber schreibst du einen Grund sozusagen doppelt auf, als dass du ihn vergisst. Es ist also nicht so wichtig, ob du erst die schönen und dann die schmerzlichen Gründe notierst, solange du nichts vergisst. Diese Warum-Gründe für eine Beziehung sollen dir genug Anreiz geben auch bei Durststrecken dran zu bleiben und dein Ziel der perfekten Beziehung mit deinem Seelenpartner nicht aus den Augen zu verlieren. Die folgenden Fragen sollen dir helfen deine persönlichen Gründe zu entdecken:

**Warum will ich eine glückliche Partnerschaft?**

- Warum ist mir eine glückliche Partnerschaft wichtig?
- Was vermisse ich ohne einen Partner an meiner Seite?
- Was will ich nicht mehr alleine erleben?
- Was ist anders in meinem Leben, wenn ich die perfekte Beziehung lebe?
- Wie fühle ich mich in einer glücklichen Beziehung?
- Was will ich vermeiden, indem ich einen Partner habe?
- Was ist besser, wenn ich in einer glücklichen Beziehung lebe?
- Was für Folgen hat es für mich, wenn ich alleine bleibe?
- Was denke ich in fünf Jahren über mich, wenn ich noch alleine bin?
- Wie sieht mein Alltag in zehn Jahren aus, wenn ich keinen Partner habe?
- Was wäre in Krisensituationen anders mit einem Partner?
- Wie sieht mein Leben im Alter aus, wenn ich alleine lebe?
- Wie verändert sich mein Charakter, wenn ich alleine lebe, ohne Partner?
- Wie geht es mir, wenn ich Geburtstage und Feiertage alleine feiere?
- Wie fühle ich mich, wenn ich alleine auf Feiern von Pärchen gehe?
- Wie fühlt sich der Gedanke an, alleine in den Urlaub zu fahren?

Die Antworten auf diese Fragen sind wichtig für dich, da sie dir zeigen, wie wichtig es ist aktiv zu werden. Während schwieriger Zeiten geben sie dir die Kraft zum Weitermachen. Diese Liste wird dir helfen, wenn es nicht so rund läuft wie erhofft.

Aufgabe: Gründe dafür notieren, warum du eine glückliche Beziehung mit deinem Seelenpartner willst und alleine bleiben keine Option ist.

| DURCH EINE BEZIEHUNG ERLEBEN | DURCH EINE BEZIEHUNG VERMEIDEN |
| --- | --- |
| | |

*„Wenn du loslässt,
hast du zwei Hände frei."
aus China*

# 4 Bye-Bye Single Leben

Du bist gerade Single? Du möchtest das ändern, daher liest du dieses Buch? Dann hast du vermutlich bei der Übung des „Warum" für eine Partnerschaft einige gute Gründe gefunden, um den Single Status baldmöglichst hinter dir zu lassen. Vielleicht hast du bereits über die negativen Folgen einer Beziehung nachgedacht, wenn auch noch nicht in dieser Tiefe. Aus Erfahrung kann ich sagen, dass es nicht immer so ist, dass sich ein Single innerlich wirklich für eine Partnerschaft entscheidet, auch wenn er das in seinem Freundeskreis mehrfach beteuert.

Dir muss klar sein, dass sich bei Zustandekommen einer Partnerschaft dein Leben verändert. Die positiven Veränderungen hast du vermutlich im Blick. Dir ist aber hoffentlich bewusst, dass eine Beziehung auch Einschränkungen mit sich bringt, wenn sie funktionieren soll. So zum Beispiel solltest du deinen Partner in deine Entscheidungen mit einbeziehen und entsprechend Rücksicht auf seine Wünsche und Gefühle nehmen, wenn du eine Beziehung auf Augenhöhe führen willst. Auf deine Alltags-Routine nimmt ein Partner ebenfalls Einfluss, sodass immer wieder größere und kleinere Kompromisse erforderlich sind. Je nachdem, was ihr beide an emotionalem Ballast mitbringt oder „Altlasten" im Sinne von Ex-Partnern, Kindern, Krankheiten, Schulden usw., wird die Liebe im Alltag auf die Probe gestellt.

Falls du das Gefühl hast, in dieser Hinsicht noch blauäugig an die Sache heranzugehen, kann dir die folgende Übung helfen.

Wenn du schon längere Zeit Single bist oder nur kurze Beziehungen hattest, stehen die Chancen ganz gut, dass du irgendetwas übersehen hast oder eine unbewusste Angst dich zurückhält. Lass uns versuchen, dem auf die Spur zu kommen. Dafür darfst du eine weitere Gedankensammlung zu Papier bringen und eine Kontra-Liste erstellen mit Gründen, die definitiv gegen eine Partnerschaft sprechen. Werde dir klar über deinen Ist-Zustand bezüglich Partnerschaft. Diese Liste soll individuell auf dich zugeschnitten sein, also keine Punkte oder Meinungen von Freunden beinhalten. Einzig und alleine deine Einstellung zählt. Was du als Kontra-Punkt siehst, also gegen eine Beziehung spricht, kann für jemand anderen ein Plus-Punkt sein. Mache dir bewusst, welche Einschränkungen eine Beziehung mit sich bringen würde. Welche Verletzungsgefahren würden bestehen? Welche Kompromisse müsstest du eingehen? Könnte die alte Eifersucht dir wieder schlaflose Nächte bescheren oder dein Kontrollbedürfnis zu endlosen Streitereien führen?

So können folgende Gedanken deine Motivation für eine Partnerschaft vielleicht bremsen:

Als Single gestaltet sich die Urlaubsplanung manchmal schwieriger als bei Paaren. Abgesehen von dem Ziel der Reise stellt sich hier die Frage, ob man alleine wegfährt oder nicht. Dann gilt es zu entscheiden mit wem man in Urlaub fährt bzw. wer überhaupt frei ist und Lust hat. Wenn du deine Urlaubserlebnisse gerne mit jemandem teilen möchtest, den du liebst, erleichtert dir eine Partnerschaft die Urlaubsplanung.

Hast du Flugangst und denkst, dass ein Mann von dir erwarten würde, dass du mit ihm in Urlaub fliegst, kannst du dazu neigen, eine Partnerschaft durch diese möglichen Folgen als Minus-Punkt anzusehen. Wenn du definitiv nicht fliegen würdest und damit viele Reiseziele auch für deinen Partner wegfallen, kann das für einen Partner, der am liebsten in Deutschland Urlaub macht oder mit dem Auto unterwegs ist, überhaupt kein Problem sein. Vielleicht kommt ihm deine Angst sogar entgegen, weil er dadurch nicht an exotische Orte reisen muss.

Sei ehrlich zu dir selbst und überlege dir, warum du das Thema Partnerschaft in deinem Leben verändern möchtest. Nimm dein Notizbuch oder Workbook und schreibe unzensiert alles auf, was dir spontan in den Sinn kommt. Die folgenden Fragen sollen dir helfen, so tief wie nur möglich zu gehen und alle Gründe an die Oberfläche zu holen.

### Bewertete Kontra-Liste

Um dir bewusst zu werden, wo genau der Ursprung liegt, kannst du die Gründe, welche gegen eine Beziehung sprechen, nach Wichtigkeit kennzeichnen. Von 1 = nicht schlimm bis 10 = macht Angst, der absolute Horror. Es zählt also nicht nur die Menge an Aufzählungspunkten sondern auch wie wichtig dir die einzelnen Gründe sind.

Jemanden zu haben, der Spinnen aus dem Haus bringt, könnte eine niedrigere Gewichtung haben als das Argument, an Silvester einen Partner zum Küssen zu haben. Geht es dir im Allgemeinen ganz gut als Single, ab und zu wäre es aber nett, einen Partner an deiner Seite zu haben? Dann gehst du vermutlich mit einer anderen Motivation an die Sache als ein Single, der keinesfalls mehr alleine sein möchte oder Torschlusspanik hat. Letzterer neigt eher dazu, jeden zu nehmen, um diese Lücke zu füllen. Gerade für diese zweite Kategorie Singles ist dieses Buch wichtig, um nicht nur irgendjemanden, sondern den Richtigen an der Seite zu haben. Es ist für die Motivation wichtig zu wissen, welchen Stellenwert das Thema Partnerschaft in deinem Leben einnimmt und welche versteckten Ängste den Seelenpartner bisher auf Abstand gehalten haben.

Es kann im Rahmen dieser Bewertung sein, dass dir plötzlich neue Gründe für das „Warum" einfallen, welche dir vorher noch nicht bewusst waren. Das ist das Wunderbare an den Universellen Gesetzen: Sobald du dich gedanklich und emotional mit einem Thema beschäftigst, begegnen dir noch viel mehr Aspekte und Begebenheiten, die dazu passen. Dazu ein Beispiel: Wenn du planst ein neues Auto zu kaufen und bereits eine Vorliebe für eine bestimmte Marke hast, wird dir auf einmal überall genau diese Automarke begegnen. Diese Autos sind natürlich schon die ganze Zeit unterwegs. Du hast sie auch gesehen, sonst hättest du versucht, auf dem gleichen Parkplatz zu parken, an dem bereits so ein Auto steht. Doch jetzt, wo du deine Aufmerksamkeit darauf konzentrierst, fallen sie dir erstmals bewusst auf.

Ganz bewusst kannst du dich nun mit den möglichen negativen Auswirkungen einer Partnerschaft beschäftigen und was sie mit dir machen. Das ist in diesem Prozess extrem wichtig, denn unter den Punkten sind unter anderem Gründe zu finden, warum du heute noch Single bist. Etwas in dir gibt einigen Punkten der Kontra-Liste so viel Bedeutung, dass sie alle positiven Aspekte einer Partnerschaft in den Schatten stellen. Wenn du dir mit diesem Bewusstsein deine Kontra-Liste ansiehst, fallen dir diese Ausschlusskriterien vielleicht gleich auf und du weißt genau, dass dies der Grund ist, warum du zwar von einer Partnerschaft träumst, das Zustandekommen aber bisher unbewusst verhindert hast.

Manche warten wie Dornröschen auf den Prinzen, der aber schon seit Jahren partout nicht auftauchen will. Jeder, der am Turm vorbeiläuft und sich nicht auf den ersten Blick als Prinz zu erkennen gibt, wird ignoriert. Der erwartete Prinz muss dermaßen hohe Erwartungen erfüllen, um bloß nicht das Risiko einer Verletzung eingehen zu müssen. Andere sind eher der pro-aktive Typ und verbringen ihr halbes Leben auf Tinder & Co. in der Hoffnung, Mr. Right endlich zu finden. Sie daten wie wild, aber leider war der Richtige noch nicht dabei. Aber die Hoffnung stirbt bekanntlich zuletzt und es kommen ja immer wieder neue potentielle

Interessenten nach, man muss nur dranbleiben. Aber es findet sich bei jedem Mann etwas, das man so nicht haben möchte, das nicht ins Wunschbild passt. Dass ein Mann vielleicht auch unsicher ist und sich beim ersten Date nicht von seiner Schokoladenseite zeigen kann, wird dabei ignoriert. Man gibt dem anderen oft keine Chance zu einem richtigen Kennenlernen und springt weiter zum nächsten Date. Möglicherweise sind manche Typen auch viel zu nett, zu aufmerksam, zu perfekt, um es ernsthaft zu probieren und sich auf sie einzulassen, denn das würde die Gefahr einer Zurückweisung und Verletzung beinhalten.

## Tatsächliche Ängste

Egal zu welcher Kategorie du möglicherweise gehörst, kannst du jetzt einige deiner Blockaden auflösen. Wir versuchen, an die wahren Hintergründe für diese Kontra-Punkte zu kommen. Damit es greifbarer wird, möchte ich dir diesen Prozess anhand eines Beispiels erläutern. Du kannst diesen Prozess individuell für deine persönlichen Kontra-Punkte verwenden, indem du den Prozess durchläufst für jeden Punkt, den du mit 8, 9 oder 10 bewertet hast.

Die meisten Menschen haben nicht gelernt, sich selbst zu reflektieren oder emotional tiefer zu gehen. Dieser Prozess hilft dir, an den wahren Kern des Problems zu gelangen. Die Dinge, die uns als Ursache für ein Problem erscheinen, sind oft nur die Spitze des Eisbergs. Wir gehen jetzt tiefer, um an den wahren Kern zu kommen. Dann können wir das Problem an der Wurzel packen und auflösen. Stelle dir diesen Prozess wie eine Spirale vor, die tief nach unten führt zum wahren Kern des Problems. Du gehst immer eine Windung der Spirale nach unten. Das machst du, indem du dir immer wieder die Frage stellst, warum du etwas nicht möchtest oder es dir Angst macht. Die Antworten dazu kommen am besten in dir hoch, wenn du entspannt bist und genau nach innen hörst. Welcher Gedanke kommt dir als erstes in den Sinn, sobald du die Frage nach dem Warum gestellt hast? Es muss erst einmal keinen Sinn machen, lass dich einfach auf den Versuch ein und lerne dich besser kennen.

Falls auf deiner Kontra-Liste mit einer Bewertung 8, 9 oder 10 steht, dass du Angst hast betrogen zu werden, könnten deine Antworten möglicherweise so oder ähnlich klingen:

Warum habe ich Angst von einem Partner betrogen zu werden?
 Weil mir das schon passiert ist.

Warum macht mir das Angst?
 Weil es mich das total verletzt und mir das Herz gebrochen hat.

Warum macht mir das Angst?
 Weil ich Angst habe, dass ich wieder enttäuscht werde.

Warum macht mir das Angst?
 Weil ich mich dann völlig hilflos und ausgeliefert fühle.

Warum macht mir das Angst?
 Weil ich in dem Moment die Kontrolle über mein Leben verliere.

Warum macht mir das Angst?
 Weil ich Angst habe vor dem, was dann passieren könnte.

Warum macht mir das Angst?
 Weil ich Angst habe, mit der neuen Situation nicht umgehen zu können.

Warum macht mir das Angst?
 Weil ich Angst habe vor dem, was die Leute denken und sagen.

Warum macht mir das Angst?
 Weil ich dann vielleicht nicht mehr dazu gehöre oder geliebt werde.

Warum macht mir das Angst?
 Weil ich das Gefühl habe, ohne andere nicht leben zu können.

Warum macht mir das Angst?
 Weil ich Angst habe, dass mich das umbringt.

Warum macht mir das Angst?
 Weil ich Todesangst habe und nicht sterben will.

Wie du siehst, kann man dieses Nachfragen nach den dahinter liegenden, tieferen Ursachen so lange machen, bis man an einen wirklich triftigen Grund kommt, wie in dem Fall Todesangst. Wenn du unbewusst Todesangst mit Partnerschaft verbindest, wird dein Unterbewusstsein alles in seiner Macht Stehende tun, um eine Partnerschaft und damit die Gefahr zu sterben, zu vermeiden.

Oft stehen also Gründe auf deiner Kontra-Liste, die einen viel tieferen Grund haben. Wenn du dieses Nachfragen für all deine mit hohem Stress bewerteten Kontra-Gründe nutzt, kannst du herausfinden, welche schwerwiegenden Ängste wirklich dahinter sitzen, die bisher eine Partnerschaft verhindert haben.

## Angst auflösen durch Absichtsbekundung

Sobald du eine oder mehrere Ängste identifiziert hast, liegt es an dir zu entscheiden, ob du diese Ängste weiterhin haben möchtest und ihnen somit die Macht über dein Beziehungsleben gibst oder nicht. Falls du es satt hast alleine zu leben und diese Ängste loslassen und auflösen möchtest, dann beginnt es wieder mit der entsprechenden Absicht. Sprich laut deine Absicht aus, die sich zeigende Angst aufzulösen, z.B. mit folgendem Satz:

***„Ich habe jetzt die Absicht, meine Angst _______________ endgültig aufzulösen und frei davon zu sein. Ich entziehe ihr jetzt die Macht über mich und mein Leben."***

In dem Beispiel würde die Absicht so lauten: „Ich habe jetzt die Absicht, meine Todesangst endgültig aufzulösen und frei davon zu sein. Ich entziehe ihr jetzt die Macht über mich und mein Leben."

## Angst auflösen durch Visualisierung

Für dein Unterbewusstsein sind Visualisierungen äußerst wirksam. Du kannst somit zur Unterstützung des Loslassens und Auflösens der Angst folgende Visualisierung machen.

1. Sprich deine Absicht, die gefundene Angst aufzulösen, laut und kraftvoll aus.

2. Erinnere dich an eine Situation, in der du diese Angst gespürt hast oder eine Situation, die dir in diesem Zusammenhang einfällt.

3. Spüre in deinen Körper hinein, wo du eine Veränderung wahrnimmst, um den Speicherplatz der Angstgefühle in dir zu finden. Möglicherweise spürst du etwas in einem Organ, Gelenk oder Körperteil. Hier gibt es kein Richtig oder Falsch, es gibt nur ein Wahrnehmen von Veränderung. Falls du nichts spürst, frage dich in Gedanken, wo diese Angst gespeichert sein könnte. Lege eine Hand auf diese Stelle am Körper und spüre einfach nur, wie es sich anfühlt. Nimm die Angst wahr.

4. Habe die Absicht, diese Energie der Angst aus deinem Körper hinauszuwerfen. Wirf sie vor dich in deinen mentalen Raum, so dass du mit deinem inneren Auge darauf sehen kannst. Ähnlich wie ein Filmprojektor wirfst du die Angst vor dich, um sie besser wahrzunehmen.

5. Versuche dich mit dieser Energieform zu beschäftigen, indem du sie dir in Gedanken von allen Seiten genau ansiehst. Wenn diese Angst eine Farbe hätte, welche Farbe könnte das sein? Wie groß nimmst du diese Energieform wahr? Wenn sie aus einem bestimmten Material wäre, welches wäre das? Wie würde es sich anfühlen, wenn du dieses Gebilde berühren würdest? Viele sehen nicht wirklich etwas, haben auf diese Fragen aber spontan eine Antwort. Es geht um das Gefühl, nicht um die Fakten.

6. Nachdem du einen Eindruck bekommen hast von der Energie deiner Angst, überlege dir, mit welchen Werkzeugen, Waffen oder Gegenständen du dieses Energiegebilde so zerstören könntest, sodass es ein für alle Mal weg ist und auch nicht wieder kommen kann. Kreiere dir dieses Werkzeug in Gedanken.

7. Nutze das kreierte Werkzeug. Lege all deinen geistigen Fokus in das Zerstören dieser Angstenergie. Beobachte innerlich was passiert, wenn du mit deinem Werkzeug auf das Energiegebilde los gehst. Hier ist deine Kreativität gefragt. Wenn du merkst, dass das eine Werkzeug nicht funktioniert, kreiere dir in Gedanken eine effektivere Waffe. Manchmal braucht es mehrere Werkzeuge hintereinander, um die Angst wirklich komplett zu zerstören. Da kann es sein, dass du von Hammer und Meißel zu Schlagbohrmaschine oder Bagger wechseln musst. Oder dass ein Wasserstrahl zu schwach ist und du das Gebilde mit Säure übergießen oder es vergraben musst.

8. Wenn du das Gefühl hast, dass du die Angstenergie komplett zerstört hast, geh mit deiner Aufmerksamkeit wieder in deinen Körper zu der Stelle, wo vorher deine Angst saß. Fühlt es sich schon gut und heil an? Oder brauchst du noch etwas zur Stärkung? Bringe ein Bild, eine Erinnerung, einen Gegenstand, Duft, Klang, Farbe oder was dir gerade als heilsam in den Sinn kommt, gedanklich an diese Stelle im Körper und fühle, wie Heilung geschieht.

9. Triff eine neue Absicht, künftig anstatt der Angst z.B. Mut oder Vertrauen zu fühlen und zu leben. Sprich diese neue Absicht am besten laut aus.

Diesen Prozess kannst du so oft wiederholen, wie du möchtest. Er eignet sich für alle Ängste, Sorgen und sonstigen negativen Gefühle, von denen du dich befreien möchtest. Du kannst dabei nichts falsch machen. Lass dich einfach auf den Prozess ein. Dabei musst du dieses Energiegebilde nicht wirklich sehen, denn nur wenige haben klare Bilder in Ihrer Vorstellung. Es reicht, wenn du ein Gefühl oder einen Impuls bekommst, wo es sein könnte, wie es aussieht, welches Material es sein könnte. Auch den Zerstörungsprozess musst du nicht wie einen Film sehen. Die Absicht, mit dem entsprechenden Werkzeug aktiv zu werden und die

Energieform zu zerstören, kann dir helfen zu fühlen, ob es klappt oder ein Widerstand da ist, der effektivere Waffen erfordert.

Wenn du Gefallen findest an dieser Möglichkeit, dich von blockierenden Gefühlen zu befreien, nutze diesen Prozess auch für andere negative Gefühle. Falls du vor dem ersten Date unsicher wirst oder Zweifel bekommst, kannst du diese damit genauso auflösen, wie mögliche Gefühle der Ablehnung, wenn jemand kein zweites Treffen mehr möchte, obwohl du ihn gut findest.

## Unterstützende Rituale

Willst du noch einen Schritt weiter gehen und aktiv handeln? Um zu signalisieren, dass du in deinem Leben Platz für einen Partner machst, solltest du jetzt bereits einen Teil in deinem Kleiderschrank oder Badschränkchen leerräumen. So kann dein künftiger Partner dort seine Kleidung und Toilettenartikel einräumen, sobald er in deinem Leben erschienen ist. Du erzeugst mit dem leeren Platz in deinem Schrank eine Art Magnetwirkung. Sicher ist dir das bereits aufgefallen im Alltag, dass nach dem Aufräumen sehr schnell wieder überall etwas liegt und leere Schubladen und Schränke sich auf wundersame Weise füllen. Genau diese Sogwirkung nutzen wir jetzt bewusst für die persönlichen Gegenstände deines Seelenpartners.

Sobald du Freifläche für ihn geschaffen hast, stelle dir in Gedanken vor, was dort liegen könnte. Spüre die Freude, wenn du das Badschränkchen auf machst und seine Zahnbürste und vielleicht auch Rasierer und After Shave dort stehen. Wie fühlt es sich gedanklich an zum ersten Mal seine Wäsche im Schrank zu sehen? Freue dich auf den Moment, wenn du es zum ersten Mal erlebst!

Möchtest du zusätzlich ein Beerdigungs-Ritual für deine Single-Zeit durchführen? Suche dir dafür einen Stein aus. Das kann ein Edelstein oder ein beliebiger Stein aus der Natur sein. Nimm diesen Stein in die Hände. In Gedanken kannst du jetzt alles, was dich in deinem Single-Status hält, in den Stein geben. Du lässt es sozusagen aus deinem Körper über die Hände in den Stein fließen. Das können Gefühle, Gedanken, Erinnerungen oder Prophezeiungen sein, sowie alles, was dir in den Sinn kommt.

Wenn du deine Zeit als Single beenden möchtest, gehe mit dem Stein nach draußen in die Natur und vergrabe ihn an einem beliebigen Ort oder wirf ihn in einen See oder Fluss. Vielleicht möchtest du dort einige Abschiedsworte sprechen und dich für die schönen Seiten dieses Lebensabschnittes bedanken, sozusagen als Grabrede. Lass den Stein dort und wende dich von jetzt an gedanklich deinem neuen Lebensabschnitt mit deinem Seelenpartner zu.

Aufgabe: Finden und Auflösen der tiefliegenden, sabotierenden Ängste hinter den stark bewerteten Kontra-Punkten. Verabschiedung vom Single-Dasein durch Platzschaffen im Schrank und einem Abschiedsritual mit Stein.

| KONTRA-PUNKTE | WERTUNG | URSACHE |
|---|---|---|
| | | |

**„Ich habe jetzt die Absicht, meine Angst ___________________________ endgültig aufzulösen und frei davon zu sein. Ich entziehe ihr jetzt die Macht über mich und mein Leben."**

*"Wir sind, was wir denken.*
*Alles, was wir sind, entsteht aus unseren Gedanken.*
*Mit unseren Gedanken formen wir die Welt."*
*Gautama Buddha*

# 5 Selbsterfüllende Prophezeiung

Hast du schon einmal von der selbsterfüllenden Prophezeiung gehört? Diese basiert auf dem universellen Gesetz der Anziehung, auch bekannt als Gesetz der Resonanz. Alles im Universum ist Energie. Diese Energie kann man bewusst lenken, denn sie folgt der Aufmerksamkeit, also dem womit man sich gedanklich beschäftigt. Woran du denkst und was du fühlst, bekommt mehr Energie durch deine Aufmerksamkeit. In dem Moment, in dem du in einer bestimmten Frequenz schwingst, weil du ein bestimmtes Gefühl und bestimmte Gedanken hast, gehst du in Resonanz mit all dem, was die gleiche Schwingung hat. Auf diese Art ziehst du es an wie ein Magnet und behältst Recht, weil genau das passiert, was du bereits gedacht oder befürchtet hast. Es erhöht sich durch dieses universelle Gesetz also die Wahrscheinlichkeit, dass es wirklich so kommt, wie du es dir in Gedanken ausgemalt hast.

Das ist das Gesetz der Anziehung in Aktion, denn du ziehst mit deinem Fokus, mit deiner Aufmerksamkeit, Dinge in dein Leben. Das Gesetz ist hierbei völlig neutral in der Bewertung. Es unterscheidet nicht, ob du etwas haben oder nicht haben möchtest, da es nicht auf die Worte, sondern die Schwingung dahinter reagiert. Es gibt dir einfach mehr von dem, worauf du deine Aufmerksamkeit richtest, mehr von dem, was du selbst ausstrahlst. Es zieht all das in dein Leben, das in der gleichen Frequenz schwingt wie du. Deine Frequenz wird durch dein Gefühl bestimmt, welches unmittelbar von deinen Gedanken bestimmt wird. Denkst du an etwas Schönes, dann fühlst du dich gut und schwingst in einer hohen, positiven Frequenz. Als Folge manifestieren sich schöne Dinge und Situationen in deinem Leben. Je glücklicher und dankbarer du dich fühlst, umso mehr Situationen ziehst du an, welche dir noch mehr Glücks- und Dankbarkeitsgefühle bescheren. Bist du in der Angst, dass etwas nicht klappen oder etwas Schlimmes passieren könnte, schwingst du in der niedrigen Frequenz der Angst und bekommst durch die Resonanz mehr Situationen geliefert, welche dir Angst machen.

Wenn du das Gefühl hast, nicht geliebt zu werden, ziehst du Situationen an, in denen du noch mehr von dem Gefühl, nicht geliebt zu werden, bekommst.

Wenn du denkst, dass alle tollen Männer schon vergeben sind, dann begegnen dir noch mehr tolle Männer, die alle schon vergeben sind.

Wenn du der Meinung bist, dass alle Männer fremdgehen, dann lässt dich dein inneres Radarsystem genau die Männer finden, die deine Meinung bestätigen und fremdgehen.

Erlaubst du dir hingegen zu glauben, dass es viele sympathische, interessante Männer gibt, erhöht sich die Wahrscheinlichkeit, immer wieder solche Männer kennenzulernen.

Erlaubst du dir zu glauben, dass es viele Männer gibt, die kein Problem damit haben, eine Beziehung mit einer alleinerziehenden Mutter einzugehen, ist dein Fokus auf diese Männer gerichtet und du kannst genau diese Männer in dein Leben ziehen.

Im Laufe dieses Buches werden wir noch mehrere Male auf diese und andere Blockaden zurückkommen. Du lernst verschiedene Methoden kennen, um dir selbst zu helfen, deine Frequenz zu verändern und damit die Resultate in deinem Leben zu beeinflussen.

Ab jetzt ist es für dich wichtig, die Wirkungsweise dieses universellen Gesetzes zu verstehen und zu wissen, dass das Gesetz der Anziehung 24 Stunden, 7 Tage die Woche für Jeden hier auf Erden aktiv ist und dir genau die Schwingung in dein Leben zieht, die du aussendest. Also beginne jetzt damit, dir bewusst zu machen, in welcher Frequenz du schwingst, sprich welche Gedanken und Gefühle du gerade produzierst. Frage dich, ob dieses Gefühl und dieser Gedanke hilfreich sind, den Seelenpartner in dein Leben zu ziehen. So weißt du sehr schnell, ob du in einer positiven oder negativen Frequenz schwingst.

Vielleicht hilft dir auch die Vorstellung, dass ein Engel hinter deiner Schulter steht und alles beobachtet, was du denkst und sagst. Bei allen Gedanken und Worten sagt er immer „So sei es." Dann musst du dich nur noch fragen, ob du es wirklich so haben möchtest, wie du es gerade gedacht oder gesagt hast. Wenn nicht, dann weißt du genau, dass du in einem negativen, kontraproduktiven Frequenzbereich schwingst.

Bildlich gesprochen sollte bei jedem negativen Gedanken eine rote Warnleuchte mit Alarm in dir angehen. Habe die Absicht, immer schneller auf negative Gedanken aufmerksam zu werden, um diese schneller stoppen zu können. Du musst nicht perfekt darin sein, solltest aber versuchen, täglich besser zu werden und dich früher bei der Produktion von Negativem ertappen.

Wenn deine Gedanken nicht zielführend sind, sprich, nicht das sind, was du haben möchtest, dann höre sofort auf damit, diesen Gedanken weiter zu denken. Je länger du diese Gedanken denkst, umso mehr Energie gibst du ihnen. Sobald dir auffällt, dass du keine guten Gedanken hast, welche dein Ziel unterstützen, stoppe diese Gedanken Kraft deines Willens. Dann beschäftige dich mit etwas, das dir andere Gedanken und andere Gefühle ermöglicht.

### Ritual zur Unterstützung

Oftmals fällt uns aufgrund unserer Gewohnheit nicht auf wie oft wir etwas Negatives denken oder sagen. Falls du dir dies anfänglich deutlicher bewusst machen möchtest, so kannst du dies mit Hilfsmitteln wie einem Stein oder Gummi-Armband. Nimm zum Beispiel einen beliebigen kleinen Stein und stecke ihn in die rechte Hosentasche. Jedes Mal, wenn du dich beim negativ Denken erwischst, wechsele den Stein in die andere Hosentasche. So kann der Stein viele Male am Tag von links nach rechts und wieder zurück wandern und dir wird bewusst, wie sehr du deine mentale Kraft der Aufmerksamkeit noch auf das Falsche konzentrierst.

Wenn du den Lerneffekt für dich verstärken möchtest, dann kannst du nach dem Motto „Lernen durch Schmerz" ein Gummi Armband oder einen Haargummi um eins deiner Handgelenke machen, welches ist egal. Bei jedem negativen Gedanken zupfe so stark an dem Gummiband, dass es auf dein Handgelenk zurück schnalzt und dir ein unangenehmes Gefühl gibt. Das erhöht vielleicht den Anreiz, schneller besser zu werden und nicht mehr so viele negative Gedanken zu produzieren.

### Good-Vibrations-Liste

Eine gute Möglichkeit ist es, eine Liste mit mindestens 10 Dingen anzufertigen, welche dir gute Laune machen. Wenn du in einer positiven, guten Stimmung bist, ziehst du Personen und Umstände in dein Leben, die dir noch mehr gute Laune machen. Also nimm dein Notizbuch oder Workbook zur Hand und schreibe dir auf, was du im Falle von schlechter Laune, Zweifeln, Traurigkeit und Pessimismus tun kannst, um dich schnellstens wieder besser zu fühlen.

Diese Liste kann Punkte enthalten wie Musikhören, Tanzen, Singen, Musizieren, Malen, Lesen, Spazierengehen, Baden, Gartenarbeit, einen bestimmten Film oder eine bestimmte Serie ansehen, telefonieren, Shoppen, Kochen, Katze streicheln, Putzen, Fahrradfahren, Joggen, Trampolin springen und alles, was dich sonst noch glücklich macht.

Sei kreativ und frage dich, in welchen Momenten du richtig gut drauf bist. Das gehört definitiv auf deine Liste. Am besten fotografierst du dir diese Liste mit dem Handy ab, damit du sie jederzeit bei dir hast, falls du unterwegs in ein emotionales Tief gerätst und schnellstens wieder heraus möchtest.

Sobald du künftig das Gefühl hast in eine negative Stimmung abzugleiten oder dich nicht gut fühlst, kannst du die Punkte auf dieser Liste anwenden. So kommst du schnell wieder in eine positive Frequenz und produzierst keine negativen Gedanken mehr, welche die Energie in eine falsche Richtung lenken.

**Glückshormone produzieren**

Eine weitere Möglichkeit wieder besser gelaunt zu sein besteht darin, dein Gehirn auszutricksen. Wenn du es schaffst ca. eine Minute lang ganz extrem zu grinsen und dabei eine richtige Grinse-Grimasse zu machen, aktivierst du einen Nerv in deinen Wangen. Durch den gequetschten Nerv wird deinem Gehirn signalisiert, dass du lachst. Dein Gehirn glaubt also, dass du einen Grund zum Glücklich sein hast. Nach etwa einer Minute hat dein Gehirn es geschafft, die dazugehörigen Glückshormone zu produzieren, so dass du das Grinsen nicht mehr faken musst, sondern allmählich wirklich einen Grund zum Grinsen hast. Alternativ kannst du wie beim Lach-Yoga auch richtig lachen, aber den meisten fällt das deutlich schwerer als nur zu grinsen.

Hier eine Zusammenfassung, was du künftig beachten solltest, um das Gesetz der Anziehung auf positive Weise für dich zu nutzen.

**Erste Schritte für die richtige Anwendung des Gesetzes der Anziehung:**

1. Beobachte bewusst deine eigenen Gedanken. Höre dir sozusagen beim Denken zu.

2. Identifiziere, ob die Gedanken zielführend sind. Willst du das haben, was du gerade denkst?

3. Stoppe negative Gedanken sofort. Höre auf, Dinge zu denken und zu sagen, die du nicht haben möchtest. Beschäftige dich stattdessen mit irgendetwas anderem und lenke deinen Fokus auf positive Dinge.

4. Grinse ganz extrem für mindestens eine Minute, um Glückshormone zu produzieren.

5. Nutze deine Good-Vibrations-Liste und wende die Punkte darauf so lange an, bis du dich wieder positiv und zuversichtlich fühlst.

Aufgabe: Achte auf deine Gedanken und Worte und stoppe alle negativen Gedanken, indem du dich auf etwas anderes konzentrierst. Grinse solange, bis du Glücksgefühle bekommst. Schreibe eine Good-Vibration-Liste mit mindestens 10 Dingen, die du tun kannst, um dich besser zu fühlen.

| **GOOD-VIBRATIONS-LISTE** |
| --- |
| |

> *„Achte auf deine Gedanken!*
> *Sie sind der Anfang deiner Taten."*
> *aus China*

# 6 Update für innere Festplatte

### Veränderungen

Du kennst wahrscheinlich das eine Paar, das sich deiner Meinung nach schon längst hätte trennen sollen. Es gibt genug Frauen, die immer wieder von ihrem Partner geschlagen oder sogar sexuell missbraucht werden. Als Außenstehender neigt man dazu, sich zu fragen, warum sie diesen Partner nicht verlassen. Von außen betrachtet macht es keinen Sinn, bei so einem Partner zu bleiben. Man ist sich sicher, dass eine Trennung die einzig richtige Lösung ist. Leider ist es nicht ganz so einfach für diejenigen, welche in solch toxischen Beziehungen feststecken. Selbst wenn keine körperliche Gewalt im Spiel ist und man „nur" einen Narzissten als Partner hat, der einen auf geschickte Weise manipuliert und/oder erniedrigt, bleibt man vermutlich viel zu lange in dieser Opferhaltung.

Veränderungen sind für die meisten Menschen unglaublich schwer. Wir wünschen uns vom Kopf her etwas anderes, aber in uns schreit ein kleines, verunsichertes Kind ganz laut NEIN! Das, was wir die ganze Zeit erleben, kennen wir. Eine Frau, die regelmäßig von ihrem Partner geschlagen wird, kann inzwischen gut abschätzen, wann es wieder passiert, wie es abläuft und was danach geschieht. Dieses Wissen, was den Ablauf und die Folgen angeht, kennt sie genau. Das gibt ihr trotz allem Schmerz auch Sicherheit. Doch was wäre, wenn sie sich trennen würde? Wie würde der Partner reagieren? Käme sie alleine zurecht? Wären die Folgen vielleicht schlimmer als das, was sie schon so oft überlebt hat – wenn auch mehr schlecht als recht? Wie geht es ihr, wenn sie auf sich gestellt ist? Das Ungewisse ängstigt uns oft mehr als das furchtbare Bekannte.

Das Überleben der Menschheit wurde seit Jahrtausenden durch sich wiederholende, berechenbare, erfolgreiche Tätigkeiten gesichert. Nur ab und zu war jemand so mutig oder verrückt, etwas Neues auszuprobieren. Unser Unterbewusstsein ist perfekt darauf trainiert, den Status Quo zu halten. Es war für die Evolution wichtig, sich nur in berechenbare Situationen zu begeben, für die schon einmal eine bestimmte Handlungsstrategie als erfolgreich abgespeichert wurde. Es ging immer nur darum, das Überleben zu sichern. Unser Unterbewusstsein versucht uns in einer sicheren Umgebung zu halten und das ist immer das Bekannte. Kannst du jetzt besser verstehen, warum sich viele Menschen nicht aus toxischen Beziehungen befreien? Warum du selbst vielleicht viel zu lange bei einem Partner geblieben bist, der dich erniedrigt, verletzt oder gar geschlagen hat? Du konntest das Verhalten des Partners mit der Zeit einigermaßen einschätzen und hast es bisher immer überlebt. Trennt man sich, begibt man sich auf ganz neue Wege.

Die Angst, dass es schlimmer kommen könnte als es aktuell ist, hält viele davon ab, sich für ihr Glück zu entscheiden. Dann finden wir Begründungen als Ausreden. Vielleicht meinen wir, nicht genug Geld zu haben, um auf eigenen Beinen zu stehen, obwohl wir in einem Sozialstaat wohnen, der für alle sorgt. Vielleicht willst du deinem Kind keine Trennung seiner Eltern zumuten und redest dir ein, dass es sicher keinen Schaden davonträgt, wenn es sieht wie du erniedrigt wirst. Vielleicht hast du Angst davor, dein Kind bei einer Trennung zu verlieren, obwohl dem Jugendamt sicher schnell klar ist, dass es bei dir gut aufgehoben ist. Erschreckenderweise bleiben viele in einer toxischen Beziehung, um den täglichen Luxus – das Haus, das Auto, den Urlaub – nicht zu verlieren. Dabei vergessen sie ganz, dass kein Luxus die inneren Wunden heilen kann. Leider hat unser Unterbewusstsein bisher nicht gelernt, Glück, Zufriedenheit oder Erfüllung als Ziel zu haben. Es ist somit verständlich, dass den meisten größere Veränderungen schwerfallen.

Wenn du jetzt so gravierende Dinge wie Partnerschaft verändern willst, schlägt dein inneres Warnsystem möglicherweise Alarm und versucht mit altbekannten Tricks, das Leben so weitergehen zu lassen wie bisher. Man zieht immer wieder die gleichen Typen an und mehr oder weniger läuft es nach dem gleichen Schema ab. Alles erinnert an den Film „Und täglich grüßt das Murmeltier." Dieses Muster gibt zumindest ein wenig Sicherheit, da man es schon kennt. Viele haben ein richtig gutes Händchen, untreue Partner aus einer Menschenmenge heraus zu fischen. Andere fühlen sich magisch von Männern mit chronischem Geldmangel, einem Alkohol- oder Mutter-Problem angezogen. Oder die Männer haben genau die gleichen Macken wie der Vater, obwohl man das beim Vater schon nicht mochte und gesehen hat, wie sehr die Mutter darunter gelitten hat. Das alles kennt man und hat gelernt, sich damit für einen gewissen Zeitraum zu arrangieren. Aber macht es glücklich? Nein? Dann wird es Zeit, den inneren Saboteur mit neuen Infos zu füttern.

## Unterbewusstsein

Es geht also wieder um das Unterbewusstsein. Doch was genau bedeutet das eigentlich? Dein Unterbewusstsein ist ein Teil von dir, der dein Leben steuert, ohne dass dir das bewusst ist. Darum heißt es Unterbewusstsein, weil es vor dem Bewusstsein verborgen ist, sozusagen darunter liegt. Damit das Ganze greifbarer für dich wird, kannst du dir dein Unterbewusstsein wie die Festplatte eines Computers vorstellen. Sie ist sozusagen die Hardware. Wenn du willst, dass ein bestimmtes Programm auf einem Computer läuft, musst du dieses neue Programm erst auf der Festplatte installieren. Dieses Programm kann man vergleichen mit der Software des Computers. Alternativ kannst du dir auch vorstellen, dass du eine neue App auf dein Handy downloadest.

Die Infos auf deiner Festplatte sollen dir das Leben in erster Linie erleichtern. Viele Abläufe im Leben und Reaktionen auf verschiedene Situationen können damit automatisiert werden. Du musst nicht mehr darüber nachdenken, wie du dir die Zähne putzen sollst oder wie du mit Messer und Gabel isst, ohne dich dabei zu verletzen. Es hat also durchaus seine Vorteile, wenn abgespeicherte Programme automatisch laufen, ohne dass du dir jedes Mal Gedanken dazu machen musst. Nachdenken kostet Energie und unser System versucht, möglichst energiesparend durchs Leben zu kommen. Bei einigen deiner Mitbewohner ist dir dieser Energiesparmodus sicher schon aufgefallen.

Da du bisher noch nicht die Wunschbeziehung mit deinem Seelenpartner lebst, können wir davon ausgehen, dass auf deiner Festplatte zum Thema Partnerschaft ein paar fehlerhafte oder veraltete Programme gespeichert sind. Es sind noch nicht die richtigen Programme installiert. Doch woher kommen diese fehlerhaften oder veralteten Programme?

Diese innere Festplatte – dein Unterbewusstsein - wurde ohne dein aktives Zutun bereits sehr früh mit Infos gefüttert. Bis zum Alter von etwa 4 Jahren ist unser Unterbewusstsein wie ein Schwamm und saugt alles auf, was ihm begegnet. Wir lernen in diesem Alter vor allem durch Beobachtung. Alles, was du damals mehrfach in deinem Umfeld gesehen und gehört hast, ist vermutlich auf deiner inneren Festplatte abgespeichert. So lernen wir das Thema Partnerschaft unbewusst von unseren Eltern und den Menschen, mit denen wir viel Zeit verbringen, wie z.B. den Großeltern. Als Kinder sehen wir, wie Mama und Papa miteinander umgehen und gehen automatisch davon aus, dass Beziehung genau so funktioniert. Von Mama lernen wir, was Frausein bedeutet und vom Papa lernen wir, was einen Mann ausmacht.

Hast du schon einmal gehört, wie Kinder etwas sagen und du weißt genau, dass sie sich das nicht selbst ausgedacht haben? Du weißt in dem Moment, dass sie das daheim oder im Kindergarten gehört haben und jetzt einfach nachplappern. Hier ist das Unterbewusstsein bei der Arbeit. Es hat willkürlich Informationen aus dem Umfeld abgespeichert, für den Fall, dass es diese später noch einmal braucht. Schwupp, schon kam ein Moment, an dem das Kind glaubte, dieses Wissen mitteilen zu müssen. Das ist ein weiterer Aspekt des Unterbewusstseins: Es urteilt nicht, sondern speichert alles als Wahrheit ab. Das heißt, das Kind geht davon aus, dass alles was es hört, der Wahrheit entspricht und sich so gehört.

Ein Problem mit dem Unterbewusstsein entsteht dann, wenn wir als Erwachsene noch auf diese jahrzehntealten Weisheiten zurückgreifen und sie noch immer als wahr einstufen. Jeder Computer und jede gute App auf deinem Handy macht ab und zu Updates und spielt eine neue, verbesserte Version auf. Wir Menschen tun das nicht automatisch, weil wir dies leider nirgends lernen. Das beginnt in der Regel erst im Erwachsenenalter, wenn wir mit dem Bereich Persönlichkeitsentwicklung in Kontakt kommen.

Sind alte, negative Programme – sprich negative Glaubenssätze – auf deiner Festplatte abgespeichert, beeinflussen dich diese, ohne dass du dir dessen bewusst sein musst. Um diese unbewussten Sabotagen aufzudecken, kannst du jetzt die Absicht haben, diese vom Unterbewusstsein in dein Bewusstsein zu holen, damit wir sie finden und anschließend verändern können. Dafür reicht es, dass du in deinem eigenen Wortlaut sagst, dass du jetzt genau diese Absicht hast. Das ist wie eine Anweisung an dein System, mehr braucht es erstmal nicht für die Absichtsbekundung.

Um dich auf den neuen Lebensabschnitt einer glücklichen Liebesbeziehung mit deinem Seelenpartner bestmöglich vorzubereiten, ist es wichtig, deine innere Festplatte mit hilfreichen Glaubensmustern neu zu programmieren. Wie bei einem Computer können nur die Programme in deinem Leben laufen, die auch auf der Festplatte installiert sind. Die Frage ist also: Welche Programme sind auf deiner Festplatte installiert? Und vor allem: Machen diese Programme Sinn? Sind sie hilfreich auf dem Weg zur glücklichen Partnerschaft? Oder wird es höchste Zeit für ein Update?

## Glaubenssätze finden

Wir wollen deine Glaubenssätze zum Thema Partnerschaft, Liebe und Sex finden. Wie im vorherigen Kapitel beschrieben, ist es ab jetzt deine dauerhafte Aufgabe, dich und deine Gedanken kritisch zu beobachten und zu hinterfragen. Es geht darum, hinderliche Gedanken aufzudecken, damit du sie im Anschluss ändern kannst.

Wie findest du solch hinderliche Gedanken zum Thema Partnerschaft? Ganz einfach: Höre dir aktiv und kritisch beim Denken und Reden zu. Frage dich bei dem, was du so denkst oder sagst, ob dies dein Ziel unterstützt. Denke an das Beispiel mit dem Engel, der zu jedem Gedanken „So sei es!" sagt und die Realisierung dessen energetisch anstößt. Wenn deine Gedanken also positiv und förderlich für dein Ziel sind: Super! Wenn nein: Aufschreiben, mit dem Handy notieren oder eine Sprachaufnahme machen, damit du diesen Gedanken oder Glaubenssatz anschließend ändern kannst. Wenn du also nicht immer etwas zu Schreiben zur Hand hast, mach eine Sprachaufnahme auf dem Handy, um den Gedanken nicht wieder zu vergessen. Du wirst überrascht sein, was da in dir so alles denkt!

**Hilfreiche Übungen:**

1. Schreibe in deinem Notizbuch oder Workbook alles auf, was du über das Thema Partnerschaft, Liebe und Sex generell denkst. Du bleibst am besten im Fluss, wenn du erst einmal alles aufschreibst, was dir dazu in den Sinn kommt, ohne es zu bewerten oder zu verändern.

2. Dann schreibst du alles auf, was du über deine bisherigen Partner, Beziehungen, die Liebe und den erlebten Sex denkst.

3. Anschließend schreibst du alles auf, was du über die Beziehung deiner Eltern (und möglichst auch Großeltern) denkst. Wie waren deren Rollen als Frau und Mann? Wie war die Beziehung der Eltern und Großeltern? Welche Probleme gab es? Über was wurde gesprochen oder gestritten? Was ist als Besonderheit in Erinnerung geblieben?

4. Schreibe jetzt auf, was deine Freunde über das Thema Partnerschaft, Liebe und Sex sagen oder was sie erlebt haben, denn auch deren Meinung beeinflusst dich und dein Denken. Was sind Standard-Sprüche?

5. Haben Filme oder Bücher deine Meinung über Männer, Frauen, Liebe und Beziehungen geprägt? Welche hast du als Kind oder Jugendliche geliebt und warum? Welche Sehnsüchte haben dich fasziniert? Notiere alles, was dir dazu in den Sinn kommt.

Auf diese Weise findest du deine unterstützenden Glaubenssätze heraus und entlarvst die blockierenden. Als Nächstes geht es darum zu unterscheiden, ob die auf deiner Festplatte gespeicherten Glaubenssätze hilfreich sind für dein Ziel einer glücklichen Partnerschaft.

Gehe deine Liste Satz für Satz durch und markiere die hilfreichen Sätze. Lies dir diese Sätze ab und zu durch, um in eine positive Schwingung zu kommen. Sie unterstützen dich dabei, den Seelenpartner in dein Leben zu ziehen. Vielleicht möchtest du die Wichtigsten auch auf deinem Vision-Board integrieren.

In deinen Notizen stehen nun neben hoffentlich vielen guten, unterstützenden Gedanken vielleicht so ähnliche Sätze wie:

- Andere Frauen sind attraktiver/intelligenter/witziger...
- Ich habe Angst wieder verletzt/betrogen/ausgenutzt zu werden.
- Männer sind besetzt oder beschissen.
- Männern geht es nur um Sex.
- Schwiegermütter sind gemeine Biester, wie im Märchen.
- Beziehungen sind kompliziert und anstrengend.
- Männer sind Schweine.
- Mich will keiner.
- Ich habe einem Mann nichts zu bieten.
- Männer machen Karriere auf Kosten der Beziehung.
- Ich habe Angst, in einer Beziehung mein Kind zu vernachlässigen.
- Wer will schon eine Frau mit einem Kind.
- Meinen Eltern ist kein Mann gut genug.
- Papa ist der Beste.
- Die wahre Liebe gibt es nicht.
- Wenn die Routine eintritt, nervt mich ein Mann.
- Männer sind unzuverlässig.
- Wo soll ich schon jemand Neues kennenlernen.
- Ohne Mann war meine Mutter besser dran.
- Wenn ich zu erfolgreich bin im Beruf, fühlt sich der Mann unterlegen.
- Wenn eine Frau mehr Geld verdient als der Mann, fühlt er sich unterlegen.

- Ich werde nur wieder ausgenutzt.
- Mit Mann gehöre ich nicht mehr zu meinen Single-Freundinnen.
- Andere neiden mir mein Glück mit einem Mann.
- Bestimmt betrügt mich der nächste Mann auch wieder.
- Ich vertraue keinem Mann mehr.

**Negative Glaubenssätze verändern**

Alle negativen Sätze, die ausdrücken, was du nicht willst oder das Anziehen deines Seelenpartners verhindern, gilt es jetzt zu ändern. Dafür kannst du folgendermaßen vorgehen:

1. Finde heraus, welche Sätze und Gedanken nicht hilfreich sind und markiere diese.

2. Gehe diese nun Satz für Satz durch und verändere sie ins Positive. Frage dich bei jedem Satz, was du stattdessen denken müsstest, damit dein Ziel unterstützt wird. Wichtig ist, dass du aufschreibst, was du dir wünschst, nicht, was du vermeiden möchtest. Diese positiven, neuen Sätze sollten keine Verneinung enthalten, sondern positiv und in der Gegenwartsform formuliert sein, so als wäre das alles jetzt schon so eingetroffen.

3. Streiche die alten, negativen Sätze in der Liste mit einem lauten „Nein!“ durch und schreibe die neuen, unterstützenden, positiv formulierten Sätze in dein Notizbuch oder Workbook zu den anderen positiven Glaubenssätzen. Diese positiven Glaubenssätze werden auch Affirmationen genannt.

4. Wiederhole diesen Ablauf immer wieder sobald ein neuer blockierender Gedanke auftaucht.

Glückwunsch! Du hast deine innere Festplatte nach den bestehenden Programmierungen durchforstet, die blockierenden Gedanken ausfindig gemacht. Du hast sie umgeschrieben in positiv formulierte Glaubenssätze, mit dem was du dir wirklich wünschst. Nun ist es an der Zeit, diese neuen Sätze auf deiner Festplatte abzuspeichern. Das ist notwendig, damit genau diese Programme laufen und das in dein Leben ziehen, was du dir wünschst.

Die alten Sätze müssen also überspielt werden durch neue Sätze, so wie früher bei den alten Musikkassetten. Die jetzt abgespeicherten negativen Sätze sind nur deshalb auf deiner inneren Festplatte, weil du sie so oft wiederholt hast und inzwischen glaubst. Genau diese Methode nutzen wir jetzt in sinnvoller Weise für die Veränderung.

Dafür ist eine mehrfache Wiederholung der neuen, positiven Glaubenssätze notwendig. Und zwar so lange, bis du sie glaubst. Nimm dir dafür einen Satz nach dem anderen vor und sage ihn so lange laut vor dich hin, bis du ihn glaubst und dein Unterbewusstsein keine negativen Kommentare mehr dazu abgibt wie „Das glaubst du doch selbst nicht“ oder „So ein Blödsinn”.

In diesem Fall ist dein Durchhaltevermögen gefragt. Martin Luther King sagte schon: „Predige bis du glaubst und dann predige, weil du glaubst.“ Das darfst du jetzt auch. Wiederhole die Sätze so lange, bis du sie glaubst, egal ob es zehn oder fünfzig Wiederholungen braucht.

Hinter diesen negativen Kommentaren deines inneren Teufelchens steckt aber noch mehr. Unbewusst halten wir alle an unseren gewohnten Überzeugungen fest, denn wir wollen ja Recht haben. Recht zu haben gibt uns ein Gefühl der Sicherheit. Jetzt liegt es an dir dich zu entscheiden. Willst du glücklich sein oder Recht haben? Beides zusammen geht erst, wenn du die richtigen positiven Glaubenssätze auf deiner inneren Festplatte hast. Solange du noch der Meinung bist, dass alle Männer früher oder später untreu werden, will dein Unterbewusstsein Recht behalten und zieht nur Männer an, welche dir dies bestätigen. So behältst du wieder mal Recht. Was also ist dir wichtiger? Ein treuer Partner oder Recht haben?

Je nachdem, wie oft du den alten negativen Satz gedacht oder gesagt hast, kann er mehr oder weniger hartnäckig sein. Dann brauchst du mehr Wiederholungen des neuen Glaubenssatzes. Also dranbleiben! Sobald dir weitere hilfreiche Glaubenssätze einfallen, ergänze die Liste mit deinen neuen positiven Affirmationen.

Anfangs solltest du dir diese neuen Affirmationen täglich einmal laut vorlesen. Deine neue Liste sieht dann vielleicht schon so aus:

- ♥ Ich bin es wert, geliebt zu werden.
- ♥ Ich erlaube mir, eine glückliche Partnerschaft zu leben.
- ♥ Ich habe es verdient, den bestmöglichen Partner zu haben.
- ♥ Mein Seelenpartner ist da draußen und findet mich bald.
- ♥ Ich bin so attraktiv/intelligent/humorvoll, wie andere Frauen.

- Der richtige Partner ist mir treu, ich bin seine große Liebe.
- Der perfekte Mann sieht meinen Wert und entscheidet sich für mich.
- Ich genieße den Sex mit meinem Partner.
- Seine Mutter liebt mich, weil sie sieht, wie glücklich ihr Sohn mit mir ist.
- Ich habe eine tolle und liebevolle Schwiegermutter.
- Ich kann einem Mann viel mehr bieten als viele andere Frauen.
- Die Beziehung steht für meinen Partner und mich an erster Stelle.
- Mit einem neuen Partner hat mein Kind wieder eine heile Familie.
- Mein Partner liebt mein Kind wie sein eigenes.
- Meine Eltern sind hin und weg von meinem Partner.
- Ich bin es mir wert, die wahre Liebe zu leben.
- Auch im Alltag sind mein Partner und ich ein tolles Team.
- Mein Partner ist in jeder Hinsicht zuverlässig.
- Obwohl meine Mutter ohne Mann besser dran war, erlaube ich mir eine glückliche Partnerschaft.
- Ich kann erfolgreich sein und einen Partner auf Augenhöhe haben.
- Auch mit Partner bleibt der gute Kontakt zu meinen Freundinnen.
- Als Erste aus dem Freundeskreis / der Familie erlaube ich mir, eine glückliche, dauerhafte Beziehung.
- Alle, die wichtig für mich sind, gönnen mir mein Glück mit einem Mann.

In der Regel gehen dir einige der neuen Affirmationen sehr gut über die Lippen. Du fühlst dich nach mehreren Wiederholungen gleich viel besser und kannst den neuen Satz auch schnell als wahr akzeptieren. Unser Ziel ist ja, dass du die neuen positiven Sätze als wahr annimmst und sie dir richtig gute Gefühle geben, so dass das Gesetz der Anziehung den Inhalt der Sätze in deinem Leben wahr werden lässt.

Bei manchen Sätzen quatscht diese Stimme im Kopf aber immer wieder dazwischen und erinnert dich daran, dass das doch überhaupt nicht stimmt und du dich gerade selbst belügst. In dem Fall habe ich einen Tipp für dich:

Versuche deinem Unterbewusstsein den neuen Satz nicht mit Gewalt aufs Auge zu drücken, sondern nimm seine Bedenken ernst. Dies kannst du in der Weise tun, dass du vor deinen neuen Glaubenssatz einen Teil einbaust mit dem Ist-Zustand, kombiniert mit dem Schlüsselwort „Obwohl". Das könnte dann so aussehen, dass du aus dem negativen Glaubenssatz „Alle Männer sind Fremdgänger." oder „Der nächste Mann wird mich sicher wieder betrügen." eine neue Affirmation machst, wie „Mein Seelenpartner ist mir treu.". Wenn du beim Aussprechen dieser Affirmation auch nach 20 Wiederholungen immer noch das Gefühl hast, dass das überhaupt nicht stimmt, kannst du es so versuchen: „Obwohl mich mein Ex-Partner betrogen hat, ist mir mein Seelenpartner treu." Du darfst hier kreativ werden und die Sätze so anpassen, wie sie sich für dich stimmig anfühlen. Hauptsache, sie unterstützen deine positive Sicht.

Wenn du bei manchen Glaubenssätzen ein besonders hartnäckiger Fall bist, kann es hilfreich sein, das Feld der Möglichkeiten in deinem Inneren zu öffnen und größer werden zu lassen. Wenn wir einen Satz nicht akzeptieren, dann können wir uns das in der Regel nicht vorstellen. Es kommt uns unwahrscheinlich vor. Um diesen Prozess des Glaubens zu erleichtern, kannst du Fragen an dein Unterbewusstsein stellen, anstatt ihm fertige Antworten vorzusetzen. So könntest du dir statt der Wiederholung von „Mein Seelenpartner ist mir treu." die Frage stellen: „Wie fühle ich mich mit meinem treuen Seelenpartner?". Danach klappen die Wiederholungen vermutlich besser und der neue Glaubenssatz kann schneller auf deiner Festplatte abgespeichert werden.

## Umprogrammierung beschleunigen

Bist du angesichts der Menge an Affirmationen, die du jetzt anpassen und ändern musst, etwas erschrocken? Dann habe ich ein paar Tipps für dich, wie du diesen Prozess effektiver und damit schneller gestalten kannst.

### 1. Blickkontakt

Sieh dir im Spiegel in die Augen, während du die neuen Sätze laut sagst. Auf diese Weise registriert dein Unterbewusstsein noch schneller, dass du gemeint bist und nimmt diese Programmierungen besser auf. Du bist auch viel fokussierter mit deiner Aufmerksamkeit bei dem Satz.

### 2. Betonung wechseln

Sprich die Sätze nicht alle monoton aus, sondern verändere die Betonung mit jeder Wiederholung. Auf diese Weise fühlen sich die Sätze anders an. Die groß geschriebenen Worte werden dann stärker betont, als der Rest.

„ICH bin das Wichtigste für meinen Partner."

„Ich BIN das Wichtigste für meinen Partner."

„Ich bin DAS WICHTIGSTE für meinen Partner."

„Ich bin das Wichtigste für MEINEN Partner."

„Ich bin das Wichtigste für meinen PARTNER."

### 3. Mit in den Schlaf nehmen

Lies dir die positiven Glaubenssätze abends vor dem Einschlafen einmal laut durch. Was wir direkt vor dem Einschlafen tun, geht am besten ins Unterbewusstsein und wirkt dort über Nacht. Also statt einem Krimi lieber glücklich machende Glaubenssätze lesen im Bett.

### 4. Wiederholungen

Nutze jede Möglichkeit, diese positiven Sätze wie ein Mantra zu wiederholen. Also beim Bügeln, Abwaschen, Joggen, Duschen oder Autofahren. Viel hilft viel in diesem Fall.

### 5. Dauerberieselung

Mache mit dem Handy eine Sprachaufnahme von deinen positiven Affirmationen und lasse diese leise im Hintergrund laufen. Du kannst dies beim Putzen oder zum Einschlafen ganz leise abspielen. So gehen die Sätze ganz nebenbei ins Unterbewusstsein.

### 6. Überkreuz-Bewegungen

Durch das Überkreuzen deiner Arme und Beine können die alten Synapsen im Gehirn, welche durch alte Glaubensmuster entstanden sind, verändert werden und neue Synapsen für neue Glaubensmuster entstehen. Die linke Gehirnhälfte steuert die rechte Körperhälfte und die rechte Gehirnhälfte steuert die linke Körperhälfte. Um Veränderungen vorzunehmen, nimm die rechte Hand oder den rechten Fuß über die Körpermitte nach links und anschließend die linke Hand oder den linken Fuß über die Körpermitte nach rechts. Ob du mit den Fingern schnippst, auf den gegenüberliegenden Arm oder Oberschenkel klopfst oder mit dem Fuß auftippst, bleibt deinem Enthusiasmus und deiner Beweglichkeit überlassen. Du darfst dabei nur nicht vergessen, währenddessen den positiven Glaubenssatz immer wieder laut zu wiederholen.

**7. Bewegung**

Wiederhole deine Affirmationen während du dich bewegst. Egal ob beim Joggen oder auf dem Stepper, sage dir deine Sätze immer wieder laut vor und nütze den positiven Effekt der beim Sport entstehenden Endorphine zur Verstärkung deiner neuen Programmierungen.

Damit hast du alles Wichtige an Rüstzeug, um auch diese Aufgabe bravourös zu meistern und dich mit deinem neuen positiven Glaubenssystem richtig gut zu fühlen. All die Sätze, die sich schon richtig und wahr für dich anfühlen, musst du nicht mehr täglich wiederholen. Nur noch diejenigen wiederholen, bei denen du noch Zweifel oder Widerstand fühlst. Auf diese Weise reduziert sich die Liste der Sätze täglich. Um dich richtig gut einzustimmen auf den Seelenpartner, steht es dir natürlich frei, die positiven Affirmationen jederzeit so oft du möchtest zu lesen und auszusprechen. Vielleicht möchtest du sie sogar auf deiner Good-Vibrations-Liste ergänzen.

Aufgabe: Negative Glaubenssätze finden und in positive Affirmationen verwandeln. Ins Notizbuch oder Workbook übertragen und anschließend mit den verschiedenen Methoden und Tricks im Unterbewusstsein auf der Festplatte abspeichern.

| ALTE NEGATIVE GLAUBENSSÄTZE | NEUE POSITIVE AFFIRMATIONEN |
|---|---|
| | |

*„Wir sind,*
*was wir fühlen und denken."*
*Thich Nhat Hanh*

# 7 Wer du wirklich bist

Nun wird es ernst. Einige wichtige Blockaden hast du bereits aus dem Weg geräumt. Vielleicht bist du noch dabei, dein Glaubenssystem umzuprogrammieren und Ängste aufzulösen. Der nächste wichtigste Schritt auf dem Weg zum perfekten Seelenpartner steht bevor. Es hängt ganz alleine von dir ab, wer der Richtige ist und wie er ist. Dein perfekter Partner wird sicher ganz anders sein als der deiner Kollegin oder Nachbarin. Der Grund dafür ist, dass wir alle unterschiedlich sind und dadurch auch ganz andere Bedürfnisse haben. Jeder hat eine andere Vergangenheit, die ihn geprägt und bestimmte Bedürfnisse entstehen lassen hat.

Du solltest dir jetzt die Frage stellen: Wie gut kenne ich mich selbst? Weißt du bereits, wie du tickst, was du brauchst und was dich verletzt? Weißt du wer du bist, welche Werte du hast und worauf sich dein Partner einstellen darf? Dummerweise lernen wir uns am besten in Ausnahmesituationen kennen, wenn etwas Schlimmes passiert. Extremsituationen bringen unsere Veranlagungen zutage, ob wir das gut finden oder nicht.

In diesem Abschnitt geht es darum, ohne Wertung die Aufmerksamkeit auf dich und deine Art, deine Werte, deine Einstellung, deine Fähigkeiten, dein Leben und deine Erfahrungen zu richten. All das macht dich als Person aus. In der Regel machen wir uns viel mehr Gedanken über den anderen, wie er sein oder sich verhalten soll. Keine Sorge, dazu kommen wir noch. Nun geht es in erster Linie um dich, denn du bist zunächst die Hauptperson. Sicher hast du den Spruch „Auf jeden Topf passt ein Deckel" schon einmal gehört. Meiner Meinung nach ist es im Leben wie bei einem Topf-Set. Darin gibt es verschiedene Töpfe aber die Deckel passen oft auf mehrere Töpfe, nicht nur auf einen. Wir sehen uns nun also dich – sprich den Topf – genauer an.

Wie in den vorherigen Kapiteln bereits erwähnt, gibt es universelle Gesetze. Sie können eine Anziehungskraft zwischen zwei Personen oder Gegenständen erzeugen. Diese Gesetze machen wir uns jetzt zunutze. Damit der für dich perfekte Mann deiner Träume dich auch wahrnimmt und in Resonanz mit dir geht, ist es notwendig, energetisch das Richtige auszusenden, in der richtigen Frequenz zu schwingen. All die Seelenverwandten, die mit dieser Schwingung in Resonanz gehen, können dann potentiell mit dir in Kontakt treten, weil sie dich wahrnehmen.

Bestenfalls wirst du wie ein Magnet für den perfekten Seelenverwandten. Dann wird er, wo auch immer er sich gerade befindet, wie magnetisch in dein Leben gezogen. Stelle dir das vor wie zwei Magnete, die sich anziehen und fest aneinander haften bleiben, wenn sie sich erst einmal berührt haben. Daher arbeiten wir jetzt an deiner magnetischen Anziehungskraft. Es ist das, was du unbewusst ausstrahlst. Sozusagen unsichtbar in deiner Aura als Werbetafel trägst. Wie bereits erwähnt, ist alles im Universum Energie. Jedes Gefühl, jeder Gedanke, jeder Gegenstand ist pure Energie, lediglich die Frequenz ist anders. Aus diesem Grund nutzen wir jetzt deine Aura, sprich das Energiefeld deines Körpers, als Werbeplattform. Kennst du noch die Litfaß-Säulen von früher, an denen ringsum Werbeplakate klebten? Ähnlich funktioniert deine Aura. Sie ist wie eine Litfaß-Säule. Was jetzt noch nötig ist, sind die richtigen Werbeplakate.

Ganz konkret geht es darum, deine Aura mit all dem auszustatten, was du in der neuen Partnerschaft mit in die Waagschale wirfst. Dieser Schritt wird dafür sorgen, dass dein Seelenpartner dich als die perfekte Seelenpartnerin für sich erkennen kann. Gib ihm und dir also die Chance für Liebe auf den ersten Blick. Diese basiert nämlich nicht auf dem äußeren ersten Blick, das wären sonst Hormone auf den ersten Blick. Für die Liebe auf den ersten Blick muss der Seelenpartner spüren, was du ihm zu bieten hast. Ihr müsst euch energetisch erkennen. Das sind genau die Aspekte, welche über das Gesetz der Resonanz eine magnetische Anziehung zwischen euch entstehen lassen.

Vielleicht ahnst du es schon: Bescheidenheit ist jetzt definitiv nicht angebracht und ganz sicher keine Tugend, welche dir hilft, deine Attraktivität zu erhöhen. In diesem Kapitel geht es um gnadenlose Ehrlichkeit dir selbst gegenüber. Der Mann soll nicht die Katze im Sack kaufen, sondern auf einer tieferen Ebene spüren, dass du – wirklich genau du – die perfekte Partnerin für ihn bist.

Genau hier liegt übrigens oft die Ursache dafür, warum ein Mann nicht wirklich mitzieht in der Kennenlernphase. Viele Frauen trauen sich nicht, ganz klar zu sich und ihrer Art zu stehen. Sie versuchen sich wie ein Model zu geben und etwas anderes darzustellen, als sie wirklich sind. Viele meinen, sich an den Mann und seine vermeintlichen Wünsche anpassen zu müssen. Sie glauben zu wissen, was er will oder gut findet bei einer Frau und versuchen, in dieses Schema zu passen. Sie zeigen also nicht, wer sie wirklich sind, sondern versuchen vorzugaukeln, diejenige zu sein, die er vermeintlich haben möchte.

In den meisten Fällen geht das früher oder später in die Hose. Selbst wenn es für den Mann ganz bequem ist, jemanden an seiner Seite zu haben, der versucht ihm alles recht zu machen, fehlt die innige Verbindung. Nicht selten suchen diese Männer diese Verbindung dann bei einer anderen Frau. Damit du nicht den gleichen Fehler machst oder gar wiederholst, schärfen wir jetzt dein Profil, um dich magnetisch zu machen.

### Was dich ausmacht

Beginne damit, all deine Eigenschaften, Fähigkeiten, Werte und Angewohnheiten aufzuschreiben. Es ist wichtig, dass du alles aufschreibst, ohne es zu bewerten. Der Grund dafür ist, dass du oder deine Mutter eventuell eine Eigenschaft wie Sturheit als negativ beurteilen würden, aber deine Freundin bewundert dich für diese Durchsetzungskraft und Willensstärke. Der künftige Seelenpartner braucht vielleicht eine starke Partnerin, welche ihm die Stirn bietet.

Notiere danach alle prägenden Ereignisse in deinem Leben. Gab es traumatische Erfahrungen und Schicksalsschläge? Die meisten Menschen möchten sich verstanden fühlen. Dies gelingt am besten unter Gleichgesinnten. Andersartigkeit ist interessant, aber auf Dauer auch anstrengend. Viele fragen sich, was die Norm ist und wer von beiden der Abweichler ist, der sich anpassen soll. Bei den Ereignissen in deinem Leben ist es ähnlich wie mit den Eigenschaften. Falls du ein Scheidungskind bist und dadurch schwierigere Familienverhältnisse hattest, könntest du das als negativ ansehen. Falls dein Seelenpartner jedoch ähnliche Erfahrungen gemacht hat, fühlt er sich mit seinen Gefühlen diesbezüglich möglicherweise viel eher von dir verstanden, weil du Ähnliches erlebt hast.

Möchtest du bei den Ereignissen ein wenig tiefer gehen? Ich bin davon überzeugt, dass es für alles einen Grund gibt, auch wenn wir ihn nicht kennen oder verstehen. Auf Seelenebene ist jede Situation für irgendetwas gut. Wenn du auf diese Weise auf deine Schicksalsschläge zurückblickst, versuche herauszufinden, was sich deine Seele davon versprochen hat. Welchen Vorteil hat dir die Situation in deiner Entwicklung gebracht? Wie hat sie dich geprägt? Welche Fähigkeit konntest du dadurch erwerben? Geh gedanklich in verschiedene Situationen in deinem Leben zurück und frage dich, was damals nötig war, um diese Situationen zu bewältigen, wie andere dich dabei vermutlich wahrgenommen haben. Diese Erkenntnisse schreibe mit in dein Notizbuch oder Workbook, denn sie sind ein wichtiger Teil von dir und deinem Leben. Sie erklären vielleicht, warum du in manchen Dingen so bist, wie du eben bist.

Damit diese Aufgabe leichter für dich wird, gebe ich dir einige Denkanstöße zu den Themen, die du näher beleuchten kannst. Gehe diese einzelnen Punkte für dich durch. Wie siehst du dich? Was ist ein Fakt in deinem Leben und soll auch so bleiben? Wo bist du flexibel und kannst auf die Wünsche und Bedürfnisse des künftigen Partners eingehen? Durchforste dich genau, um dich besser kennenzulernen.

Während ich damals für mich aufgeschrieben habe, wer ich bin und was ein Partner von mir und einem Leben mit mir erwarten kann, wurden mir ein paar Dinge bewusst: Ich habe mein Haus geliebt, da ich so viel Schweiß, Energie und Geld in die Renovierung gesteckt habe. Nachdem ich mehr als zehn Jahre auf der Suche war nach einem finanzierbaren Haus an einem Ort, an dem ich meine Pferde selbst halten konnte, wollte ich diesen Traum nicht mehr aufgeben. Vom Systemischen Familienstellen wusste ich aber, dass es energetisch besser ist für eine Beziehung, wenn nicht der Mann in das Haus der Frau einzieht, sondern sie zu ihm oder beide in etwas ganz Neues einziehen. Ich stand somit vor einem Dilemma. Ganz oben auf meiner Prioritätenliste stand „Pferde bei mir am Haus“ und „Haus auf dem Land“ – ich wohnte neben einer Reitanlage direkt am Waldrand.

Also wo war die Grenze meiner Kompromissbereitschaft? Für mich war klar, dass ich auch weiterhin meine Pferde bei mir am Haus haben und von daheim aus losreiten wollte. Als ich meinen Seelenpartner kennenlernte, war er bereit zu mir zu ziehen, da es mehr Sinn machte. Neben den Pferden hatte ich nämlich meine Praxis und einen großen Seminarraum am Haus. Doch als ich das erste Mal bei ihm war und den Ort sah, fand ich es dort echt schön. Beim zweiten Besuch habe ich mich in das Dorf verliebt. Dann war klar, dass es eine Lösung für meine Prioritätenliste brauchte, denn sein Haus lag direkt an der stark befahrenen Hauptstraße. Aber – und darum erzähle ich dir dieses Detail – auch dafür gab es vom Universum schnell eine Lösung. Hinter dem Haus befand sich ein kleines Waldstück und dahinter eine Pferdekoppel. Wir konnten die Pferdekoppel pachten und einen Weg dorthin frei machen am Waldstück entlang, um vom Garten auf die Koppel zu kommen. Im Garten wurde ein Stall gebaut und schon waren 50 % meiner Prioritätenliste erfüllt. Die restlichen 50 % haben sich ebenfalls gelöst. Wir konnten neben der Pferdekoppel eine noch größere Wiese pachten, über die wir auf den Weg gelangen konnten, der ein Jahr später sogar als offizieller Reiterweg gekennzeichnet wurde. Von da aus können wir entweder in den Wald oder auf die wunderschöne Heide reiten. Passt, oder? Man muss nur wissen, was man will und dies energetisch in sein Leben ziehen, sowohl Mann als auch die dazugehörigen Gegebenheiten.

Falls du also Dinge in deinem Leben hast von denen du meinst, dass sie nicht verändert werden können, dann frage dich, was genau du willst oder brauchst. Welche Grundvoraussetzungen müssen erfüllt sein? Dann mache deine Hausaufgaben wie in diesem Buch beschrieben und überlasse es dem Universum, die perfekte Lösung für das Problem zu finden.

Gehe nun alle Bereiche in beliebiger Reihenfolge durch und notiere sozusagen eine Beschreibung von dir und deinem Leben, wie eine Art Profil. Nutze die folgenden Punkte als Anregung:

### Eigenschaften

Abenteuerlustig, anpassungsfähig, aufrichtig, ausgeflippt, authentisch, bedächtig, begabt, begeisterungsfähig, belastbar, bodenständig, bescheiden, chaotisch, charakterstark, diplomatisch, detailverliebt, direkt, diszipliniert, dominant, empathisch, empfindsam, entspannt, entscheidungsfreudig, ehrlich, eifersüchtig, entschlossen, experimentierfreudig, fleißig, flexibel, feinfühlig, fröhlich, freundlich, fair, gewissenhaft, gründlich, gastfreundlich, gebildet, gesprächig, großzügig, harmoniebedürftig, hilfsbereit, humorvoll, handwerklich begabt, ideenreich, innovativ, intuitiv, intelligent, junggeblieben, kreativ, konsequent, künstlerisch, kinderlieb, kommunikativ, leidenschaftlich, loyal, motiviert, mutig, menschenscheu, musikalisch, naturverbunden, ordentlich, perfektionistisch, pünktlich, redelustig, religiös, risikobereit, sicherheitsliebend, schüchtern, selbstkritisch, selbstbewusst, sozial, stolz, sportlich, spontan, tolerant, teamfähig, treu, technisch begabt, tierlieb, unterhaltsam, unternehmerisch, unternehmungslustig, vorsichtig, verantwortungsbewusst, verlässlich, vertrauenswürdig, wortgewandt, wählerisch, widerstandsfähig, witzig, zickig, zielstrebig, zuverlässig

### Vorlieben und Hobbys

Sportarten, Freizeitbeschäftigungen, Fernsehvorlieben, Musikgeschmack, Urlaubsvorlieben, Tiere, Ernährungsgewohnheiten, Gebrauch von Stimulanzien (Rauchen, Alkohol, Drogen), telefonieren, schreiben, Tattoos, Piercings, Hobbys, Vorlieben, Essgewohnheiten, Ruhebedürfnis, Familiensinn, Werte, Reiseziele, Spiritualität, Persönlichkeitsentwicklung

**Körperlichkeit**

Kuscheln, Küssen, Sexhäufigkeit, Sexvorlieben, frühere Erfahrungen, Einstellung Treue/offene Beziehung, introvertiert/extrovertiert zum Thema Körperlichkeit. Wie möchtest du dich künftig fühlen beim Thema Nähe und Sex? Was kann der Partner von dir erwarten in dieser Hinsicht? Wo sind die Grenzen?

**Altlasten**

Single, verheiratet, geschieden, verwitwet, wie viele Kinder im Alter von - bis, Verhältnis zu Ex-Partnern und Kindern, Trennungsgründe

**Familie**

Eltern lebend oder verstorben, Verhältnis zu Vater und Mutter, Geschwister, Verhältnis zu Geschwistern und anderen Familienmitgliedern

**Herkunft**

Land, Region, Stadt, Muttersprache, Dialekt, Kulturkreis, Traditionen, Religion

**Freundeskreis**

Frauen und/oder Männer, wenige Kontakte oder Cliquentyp, Mädels-Abende oder Pärchen-Treffs, feste Verpflichtungen mit Freunden, Vereinsaktivitäten

**Bildung**

Schulabschluss, Studium, Allgemeinwissen, Sprachkenntnisse, Ausdrucksweise, Ausbildungen

**Wohnsituation**

Stadt, Land, Wohnung, Haus, Miete, Eigentum, alleine, mit Kindern, bei Eltern, WG, örtlich gebunden oder flexibel, Pendler, Zweitwohnsitz

**Berufliches und Finanzen**

Schule, Lehre, Studium, fester Job, flexibler Job, Selbständigkeit, auf der Suche, geistige oder körperliche Arbeit, Einstellung zum Job, Einkommen, Schulden, Einstellung zu Konsum, Besitz und Eigentum

**Prägende Erlebnisse**

Krankheit, Operationen, Traumen, Scheidungen

**Lebensziele**

Künftige Wohnsituation (Wohnung, Haus, Stadt, Land, Region), Auswander-Träume, Kinderwunsch, Jobwechsel, Selbständigkeit, Teilzeit-Job, Selbstverwirklichung, Persönlichkeitsentwicklung

**Liebesbeweise**

Deine Liebesbeziehung lebt vor allem durch die gegenseitigen Liebesbekundungen. Wenn dich dein Partner über alles liebt, es aber nicht schafft, dir diese Liebe zu zeigen, wirst du auf Dauer ein Mangelgefühl entwickeln. Daher ist es wichtig, zunächst herauszufinden, wie du tickst in Sachen Liebesbeweise.

Spüre in dich hinein oder erinnere dich an frühere Erlebnisse, in denen du dich richtig geliebt gefühlt hast. Was hat der Andere in dem Moment gemacht? Was genau hat bei dir dieses Gefühl geliebt zu sein ausgelöst? War es eine Berührung, ein Satz, war der andere für dich da, habt ihr etwas gemeinsam erlebt, hat er dich überrascht oder unterstützt? Was genau sollte dein perfekter Seelenpartner wie im Schlaf beherrschen, um dich nie an seiner Liebe zweifeln zu lassen? Schreibe dir diese Erkenntnisse genau auf, denn diese sind einige der wichtigsten Punkte für eine langjährige, glückliche Beziehung.

Wie soll dir dein Partner seine Liebe zeigen? Was brauchst du? Wie brauchst du es? Wie oft brauchst du es?

Bist du eher haptisch orientiert und brauchst Körperkontakt, Händchenhalten, Streicheln, Kuscheln, Sex? Liebst du es, nachts eng aneinander gekuschelt einzuschlafen? Oder dir getrennte Wohnungen und Betten wichtig?

Bist du eher verbal orientiert und hörst gerne mehrfach täglich, wie toll er dich findet, was du gut machst, wie stolz er auf dich ist und wie sehr er dich liebt? Oder nervt dich Süßholzraspeln eher und du kannst dich gut selbst motivieren?

Bist du eher praktisch orientiert und brauchst Taten statt Worte? Soll er dich bei deinen Aufgaben, Tätigkeiten und Hobbys unterstützen, dir Dinge abnehmen oder erleichtern? Oder ist es dir lieber, wenn er sich aus deinen Dingen heraushält?

Bist du eher jemand, der symbolische Gesten, Überraschungen und Geschenke braucht? Oder hasst du Unvorhergesehenes und Geschenke?

Bist du eher der emotionale Typ und willst deinen Partner am liebsten 24 Stunden um dich haben? Musst du so oft wie möglich die Verbindung zwischen Euch spüren? Brauchst du mehrfach täglich eine Nachricht oder einen Anruf von ihm, um die Verbundenheit zu spüren? Oder reichen dir sporadische Treffen und Kontakte, während jeder sein Leben lebt?

Bist du eher der visuelle Typ, der gesehen werden will? Brauchst du seine ungeteilte Aufmerksamkeit und ist es dir wichtig, dass er Veränderungen an dir wahrnimmt und dir ansieht, dass es dir nicht gut geht? Soll er deine neue Frisur, Kleidung oder andere Veränderungen sofort bemerken? Oder teilst du ihm das sowieso gleich mit, so dass das nicht wichtig für dich ist?

Falls du dir bisher nicht erlaubt hast, stolz auf dich zu sein und dich liebevoll zu betrachten, dann versuche dich mit den Augen deiner besten Freundin, Kollegin, Chefin, Vater, Mutter, Oma, Opa, Nachbarin oder Schwester zu sehen. Schreibe auf, was diese wohl über dich denken und sagen würden, wenn sie dein Profil schreiben dürften. Natürlich musst du dich das nicht nur in Gedanken fragen, sondern kannst sie auch direkt darauf ansprechen und um Unterstützung bitten. In dem Fall musst du ihnen allerdings die ausdrückliche Erlaubnis geben, ehrlich sein zu dürfen, ohne dass du ihnen böse wirst.

**Außenwirkung verstärken**

Das Wichtigste ist geschafft. Was noch fehlt ist die Außenwirkung. Du hast sozusagen die Plakate für deine Litfaßsäule gedruckt, aber noch nicht aufgeklebt. Im Schrank bringen die Plakate nichts, daher darfst du die Welt jetzt wissen lassen, wie dein persönliches Gesamtpaket aussieht, das der neue Partner bekommt. Aber keine Angst, du musst jetzt nicht unter die Marktschreier gehen oder irgend etwas auf Social Media posten. Es geht darum, all das, was dich ausmacht, in deiner Aura zu zeigen, dem Energiefeld deines Körpers. Diese wird unbewusst von deinem Umfeld abgescannt und so findet jeder unbewusst heraus, ob er mit dem anderen auf einer Wellenlänge ist oder nicht. So erklärt sich auch, warum man manchmal sofort eine Abneigung gegen jemanden hat, ohne dies begründen zu können. Wir möchten also, dass deine Werte, Eigenschaften und Fähigkeiten, eben alles was dich ausmacht, von anderen erkannt werden. Stelle dir dafür zum Beispiel einen mit bunten, blinkenden Lämpchen geschmückten Weihnachtsbaum vor. Wenn du der Weihnachtsbaum wärst und jedes Lämpchen steht für eine Eigenschaft, Vorliebe, Angewohnheit, Fähigkeit oder Lebensumstand, was würde da alles an dir blinken und auf sich aufmerksam machen?

Für manche Menschen reicht es, sich etwas vorzustellen oder mit der eigenen Absicht die Energien in die richtige Richtung zu lenken. Für viele sind kleine Rituale unglaublich hilfreich. Darum möchte ich dir ein Ritual vorschlagen. Suche dir aus deiner hoffentlich sehr, sehr langen Liste deiner Eigenschaften, Fähigkeiten, Ereignisse, Besonderheiten und was da sonst noch alles steht, ungefähr 20 Punkte heraus. Das sollten bestenfalls genau die 20 Punkte sein, die dich am besten beschreiben, sozusagen den Kern deiner Persönlichkeit ausmachen. Was sind im Alltag für deinen Partner vermutlich die wichtigsten 20 Punkte, welche für ein Gelingen der Partnerschaft entscheidend sind?

Schreibe jeden einzelnen dieser 20 Punkte auf einen separaten, am besten selbstklebenden Zettel. Nun stelle dir in Gedanken vor, wie du der Reihe nach jeden einzelnen dieser Zettel von außen auf die Außenseite deiner Aura klebst. Bei jedem Punkt kannst Du laut einen Satz sagen, der das Thema des Zettels zusammenfasst. Also z.B. „Ich bin hilfsbereit“ oder „Gerechtigkeit ist mir wichtig“.

Visualisiere, wie diese Zettel von jedem potentiellen Partner gelesen werden. Die Männer, welche nicht damit in Resonanz gehen, dürfen einfach weiterlaufen. Doch diejenigen Männer, welche mit den Punkten in Resonanz gehen und sich eine Frau mit genau diesen Eigenschaften und Fähigkeiten wünschen, dürfen von dir angezogen werden, mit dir in Kontakt treten und euch die Möglichkeit für ein Kennenlernen geben.

Nach der Visualisierung gehe zu deinem Badspiegel und klebe alle 20 Zettel rings um den Spiegel, so dass sie dich einrahmen, wenn du in den Spiegel siehst. Versuche während dem Zähneputzen oder Schminken immer wieder bewusst einige der Eigenschaften zu lesen und dich gut damit zu fühlen, denn genau das bist du, das macht dich aus, das macht dich einzigartig.

<u>Aufgabe:</u> Deine Werte, Eigenschaften, Fähigkeiten und Besonderheiten aufschreiben. Lass die Welt wissen, was du einem Mann zu bieten hast bzw. worauf er sich bei einer Partnerschaft mit dir freuen darf. Zur Verstärkung mache ein Ritual mit den 20 wichtigsten Punkten und platziere sie gedanklich außen auf deiner Aura. Klebe die Zettel an deinen Badspiegel und sieh dir die Zettel täglich an.

| **MEINE 20 WICHTIGSTEN EIGENSCHAFTEN** |
| --- |
| |

*„Man erntet kein Reisfeld,*
*ohne es vorher bestellt zu haben."*
*Gautama Buddha*

# 8 Gründlichkeit zahlt sich aus

Jetzt geht es darum, herauszufinden, wer entsprechend deinen Bedürfnissen und Gegebenheiten am besten zu dir passt. Möchtest du nicht nur einen vorübergehenden Lebensabschnitts-Partner in dein Leben ziehen, sondern den Partner, mit dem du für den Rest deines Lebens glücklich sein kannst? Dann solltest du diese Aufgabe sehr ernst nehmen und gründlich vorgehen. Kurzum: Du musst so konkret wie nur möglich werden in deinen Wünschen.

Zum besseren Verständnis hilft dir vielleicht dieser Vergleich:

Du findest, es wäre mal wieder Zeit, etwas Neues zum Anziehen zu haben. Daher rufst du beim Versandhandel deines Vertrauens an und teilst dem Mitarbeiter dort deinen Wunsch nach etwas zum Anziehen mit. Was passiert? Der engagierte Mitarbeiter nimmt deinen Wunsch entgegen, geht ins Lager und holt den alten, verstaubten, überteuerten Ladenhüter aus dem Eck, der schon seit Jahren aus der Mode ist und mehrfach umgetauscht wurde. Er verpackt ihn nett in einem neuen Karton und du bekommst ihn irgendwann geliefert. Ursprünglich wolltest du dir eine schicke Bluse gönnen. Jetzt kamen aber klobige Biker Stiefel mit Nieten-Besatz in Schuhgröße 45, du hast aber Schuhgröße 39. Wessen Fehler war das? Ganz klar: Dein Fehler! Du warst einfach zu ungenau in deiner Bestellung.

Wie bestellst du, um auf Nummer sicher zu gehen? Du durchforstest das Internet nach genau der Website, die genau das anbietet, was du dir vorstellst. Du hattest also eine genaue Vorstellung davon, was du willst, warum du es willst und was es dir wert ist. Nachdem du dieses ultimative neue Lieblingsteil gefunden hast, wählst du die passende Farbe und Größe aus, bevor es in den Warenkorb darf. Während dem Bestellvorgang gibst du Liefer- und Rechnungsadresse ein, wählst die Zahlungsart und Lieferart aus, denn möglicherweise willst du es als Express-Sendung am nächsten Tag.

Solltest du eher der Analog-Typ sein, der über Katalog bestellt, läuft der Vorgang ähnlich ab: Du suchst im Katalog des Versandhandels deines Vertrauens genau das gewünschte, ultimative, neue Lieblingsstück aus. Du hast also eine genaue Vorstellung davon, was du willst, warum du es willst und was es dir wert ist. Bei der Bestellung teilst du dem Mitarbeiter folgende Daten mit: Katalogseite, Artikel, Artikelnummer, Größe, Farbe, Menge, Lieferadresse, Rechnungsadresse, Zahlungsart und Lieferzeit!

Eigentlich ganz logisch, oder? Und dieses Wissen wendest du jetzt genauso gründlich auf die Bestellung des für dich perfekten Partners an. Das mit dem Umtauschen und Zurückschicken ist viel zu nervig, bei einem Partner noch mehr als bei einem Gegenstand. Wenn du also nicht den ausrangierten Mann haben möchtest, der schon mehrfach versucht hat ein neues Zuhause zu finden und sich jetzt nur in einer neuen Verpackung präsentiert, empfehle ich dir: Sei genau!

Falls du der Meinung bist, bereits genau zu wissen, was für eine Partnerschaft du willst, so lass dir sagen: Zwischen Haus-Kind-Hund-Urlaub sowie groß-dunkelhaarig-humorvoll und dem was wirklich notwendig ist, um über Jahre im Glücksbereich zu bleiben, ist ein himmelweiter Unterschied. Da kann dann schon die offene Zahnpasta-Tube oder das schmutzige Messer in der Marmelade zu Beziehungskrisen führen.

Es geht also darum, deine Bestellung des perfekten Mannes so detailliert wie nur möglich zu gestalten, um böse Überraschungen zu vermeiden. Gib dem Universum einen klaren Auftrag. Du erinnerst dich noch an die Geschichte mit dem Taxi und dem Kreisverkehr, oder?

## Regeln für eine perfekte Bestellung

Für diese Bestellung deines Lebens gelten ein paar wichtige Regeln, welche grundlegend wichtig sind für den Erfolg.

### 1. Vermeide Verneinungen

Vermeide Beschreibungen von etwas, das du nicht haben willst, sowie Verneinungen. Du erkennst dies an den Wörtern „nicht“, „niemals“ oder „kein“. Besser ist es, alles positiv aufzuschreiben. Was genau willst du? Wie genau wünschst du es dir?

Der Grund dafür ist, dass unser Gehirn in Bildern denkt. Wenn du an etwas denkst, das du nicht willst, hast du automatisch ein Bild davon im Kopf. Mit deiner Aufmerksamkeit gibst du diesem Bild zusätzlich Energie. Wenn ich dich bitte, jetzt gleich an irgendetwas zu denken, aber nicht an eine weiße Maus. Was passiert? Die Chance, dass du kurz das Bild einer weißen Maus vor deinem inneren Auge hattest, ist relativ groß. Diese Energie kannst du genauso gut dafür nutzen, deinen Wunsch zu unterstützen, also das was du willst. Es ist hinderliche für den Prozess, sich etwas vorzustellen, das man nicht möchte. Daher schreibe immer das auf, was du wirklich möchtest. Also statt „kein Fleischesser" lieber „Vegetarier" schreiben. Solltest du bereits ein genaues Bild davon haben, was du nicht mehr möchtest, so nutze dieses Wissen und stelle dir die Frage, was du stattdessen haben möchtest. Das schreibe dann auf.

### 2. Sei so genau wie nur möglich

Wie bereits beschrieben ist es absolut wichtig, genau und detailliert zu sein. Ein Liebesroman besteht nicht nur aus „Mann trifft Frau, Heirat nach drei Jahren", sondern beschreibt die Details, damit man sich ein Bild von der Situation machen kann. Es sollen Emotionen entstehen. Daher sei genau und schreibe den Bestseller Liebesroman deines eigenen Lebens mit allen nur denkbaren Details. Du brauchst keine Angst haben, dass die Bestellung zu detailliert wird und es keinen passenden Mann gibt für dein Anforderungsprofil. Je genauer du bist, umso stärker ist die Resonanz und somit Anziehungskraft, so dass der Richtige dich auch finden kann. Versuche so genau wie nur möglich die optimale Version deines Lebenspartners zu beschreiben. Dies ermöglicht es dir für spätere Visualisierungen ein genaues Bild deiner glücklichen Zukunft zu kreieren. Wünschst du dir einen sportlichen Mann, weil du euch in Gedanken zusammen beim Fahrradfahren siehst? Dann reicht es nicht „sportlich" aufzuschreiben, sondern dann solltest du zusätzlich als Hobby „Fahrradfahren" angeben, denn sonst sitzt er vielleicht täglich im Fitness-Studio und stemmt Gewichte, während du gerne mit ihm an die frische Luft möchtest. Wenn du eine bestimmte Art von Fahrradfahren im Kopf hast, darfst du gerne genauer werden und z.B. Mountainbike oder Rennrad schreiben statt Fahrrad.

### 3. Wähle die optimalste Variante

Viele Menschen haben die Angewohnheit pessimistisch zu denken oder sich das Leben selbst schwer zu machen. Sie denken, dass sie ja doch nie das große Los ziehen und immer nur andere Glück im Leben haben. Sie setzen ihre Ziele bewusst niedrig, um die Enttäuschung so gering wie möglich zu halten. Oder sie leiden unter dem Irrglauben, mit einer 08/15 Bestellung die Wahrscheinlichkeit der Realisierung zu erhöhen. Egal aus welchem Grund du meinst, dich schlechter stellen zu müssen als das Optimum, jetzt ist der falsche Moment für Bescheidenheit. Erträume dir den bestmöglichen Partner, den du dir nur vorstellen kannst. Keine Sorge, wenn nötig stutzt das Universum deinen Wunsch auf eine realistische Variante herunter. Aber das ist nicht dein Job. Dein Job ist es, die Messlatte so hoch wie möglich anzusetzen.

### 4. Schreibe unzensiert alles auf

Vielleicht liegt es an unserem Schulsystem, dass wir verlernt haben, ohne Bewertung alle Gedanken zuzulassen. Egal was der Grund ist, jetzt ist der falsche Moment, um kritisch zu bewerten. Jetzt geht es darum, im ersten Schritt alle Gedanken zuzulassen und sie aufzuschreiben. Erst danach, wenn der kreative Prozess des Brainstormings vorüber ist, kannst du streichen oder verändern, was nicht stimmig ist. Aber eben erst danach.

### 5. Nutze Inspirationen aus der Vergangenheit

Solltest dir die Ideen ausgehen, was du willst und wie du deine Partnerschaft gerne hättest, dann nutze die Erinnerungen an deine Vergangenheit. Erinnere dich an negative Erlebnisse und Erfahrungen mit Ex-Partnern. Dann überlege dir, was du stattdessen gerne gehabt oder erlebt hättest in den damaligen Situationen. Wie wären diese Situationen optimal verlaufen? Diese Überlegungen geben dir die Antwort darauf, wie du es künftig haben möchtest.

Falls dir schöne Momente aus der Vergangenheit einfallen, die du gerne in ähnlicher Form wiederholen möchtest, dann notiere diese. Wie hat sich der damalige Partner verhalten und wie hast du dich dabei gefühlt?

### 6. Nutze Inspirationen aus dem Umfeld

Sei kreativ und nutze Anregungen aus deinem Umfeld. Wenn du etwas in einem Film siehst, in einem Buch liest, andere beobachtest oder etwas erzählt bekommst, so frage dich: Wäre diese Situation optimal für mich? Wenn nein: Wie wäre diese Situation optimal für mich?

### 7. Bleibe individuell

Diese Bestellung soll den für dich perfekten Partner in dein Leben ziehen, nicht den deiner Mutter oder Freundin. Wenn dir selbst einer der aufgeführten Bestellpunkte nicht wichtig ist, dann ist es auch nicht nötig, dazu etwas zu schreiben.

## 8. Nutze Bandbreiten

Bei einigen Punkten macht es Sinn, Bandbreiten oder Grenzen anzugeben. Für den Fall, dass du dir einen Partner wünschst, der älter ist als du, solltest du beispielsweise 2-6 Jahre älter als Wunsch angeben. Wenn es dir nichts ausmacht, dass dein Partner auch ein paar Speckröllchen hat, du generell aber stark übergewichtige Männer unattraktiv findest oder dir bei starkem Übergewicht zu viel Sorgen über seine Gesundheit machen würdest, kannst du eine Gewichtsgrenze oder eine BMI-Zahl angeben. Solltest du gerne Schuhe mit Absatz tragen und gleichzeitig den Wunsch nach einem größeren Partner haben, könntest du schreiben, dass der Partner etwa 10-20 cm größer sein sollte als du.

## 9. Gegebenheiten nennen ohne Einschränkung

Ist etwas für dich sehr wichtig, dann muss das auf alle Fälle auf die Liste. Aber versuche es wirklich auf den Punkt zu bringen und keine zusätzlichen Einschränkungen zu kreieren. Nehmen wir an, du bist sehr heimatverbunden und kannst es dir nicht vorstellen, in eine andere Stadt oder Region umzuziehen. In dem Fall macht es vermutlich Sinn, in der Bestellung anzugeben, dass dein perfekter Seelenpartner bereit sein muss für ein Leben in deiner Heimat, auch wenn er dafür ggf. umziehen müsste. Falls du Mr. Perfect kennen lernst, er aber Haus, Beruf und Kind 200 km von dir entfernt hat und ein Umzug für ihn in den nächsten 15 Jahren nicht in Frage kommt, hast du ein Problem. Wie du siehst, ist es eine sehr persönliche Entscheidung, was du aufschreibst und du solltest immer versuchen, den Kern deiner Wünsche zu erspüren.

## 10. Vorsicht mit Extremen

Viele von uns sind schnell fasziniert von Personen oder Dingen, die so ganz anders sind als das, was wir kennen. Das Neue, das Unbekannte, übt einen gewissen Reiz auf uns aus. Es hat für die Menschheit durchaus Sinn gemacht, dass wir uns von Menschen angezogen fühlten, die so ganz anders waren als wir und unsere Familie. So konnte die Natur stets für einen Gen-Mix sorgen und Inzucht reduzieren, da wir für die Fortpflanzung auf der Suche nach etwas Anderem waren. So ähnlich wie Yin & Yang. Zwei gegensätzliche Teile ergeben ein Ganzes. Super schöne, romantische Vorstellung. Vor allem für One-Night-Stands und Action im Leben, vermutlich ein gutes Geheimrezept. Für langfristige Beziehungen und Harmonie eher ungeeignet, außer beide sind super tolerant und flexibel.

Meine Klientin Ilona hatte nach einigen gescheiterten Beziehungen endlich das vermeintlich große Los gezogen. Er verkörperte vieles, was die anderen nicht hatten. Er hatte eine richtig tolle Figur, war ein legerer Typ, alternativ eingestellt, hatte nicht einmal einen Personalausweis oder festen Wohnsitz. Er war nicht engstirnig oder kleinkariert, sondern ein Freigeist, der von Tag zu Tag lebt. Damit war jeder Tag spannend. Sie ist mit ganz neuen Ideen in Berührung gekommen, einem anderen Lebensgefühl, hat Spontanität leben können und ist richtig aufgeblüht - und wurde schwanger. Im Moment als die Hormone einschossen, sind ihre Mutterinstinkte erwacht. Das Wohl des Kindes und wie es ihrer Meinung nach für das Kind am besten ist, stand an oberster Stelle und damit natürlich auch über dem Spaßfaktor. Für ihn – und damit auch für sie – war plötzlich Schluss mit lustig. All die Kleinigkeiten, welche sie vorher so attraktiv und einzigartig fand, haben sie jetzt gestört. Er war noch immer der Gleiche, in den sie sich verliebt hatte, doch er konnte es ihr kaum mehr recht machen. Sie war eben doch ganz anders als er und der ursprüngliche Reiz des Neuen verpuffte. Beide hätten sich extrem verbiegen müssen, um sich nicht gegenseitig das Leben zur Hölle zu machen. Daher ist Vorsicht angesagt bei deinen Wünschen. Der Mann soll von seiner Einstellung und Art auch noch nach Jahren zu dir passen.

Diese Regeln behalte im Hinterkopf, wenn du gleich an deiner Bestellung arbeitest. Übrigens musst du jetzt noch nicht die absolut perfekte Bestellung aufschreiben. Das ist ein Prozess, der sich entwickeln kann. Du veränderst dich, und so verändern sich auch deine Wünsche und das, was stimmig für dich und dein Leben ist. Du kannst also jederzeit an dieser Bestellung arbeiten, falls du etwas verändern möchtet.

*„Wer auf die Jagd nach einem Tiger geht,*
*muss damit rechnen,*
*einen Tiger zu finden."*
*aus China*

# 9 Der perfekte Seelenpartner

Vor Jahren war ich mit meiner Freundin Jenni in der Stadthalle Fürth zur Disco-Mania. Das ist eine große Veranstaltung, bei der unterschiedliche DJs für jeden Musikgeschmack das Richtige bieten, von Techno über Disco-Classics bis hin zu Schlagern. Die Leute schieben sich fröhlich und ausgelassen mit ihrem Glas in der Hand durch die Massen. Der Bass wummert, so dass man sich kaum unterhalten kann, die Stimmung ist richtig gut. Als Jenni auf die Toilette muss - es gibt kein Naturgesetz, dass das bei Frauen immer im Rudel geschehen muss - bleibe ich an unserem Platz bei Freunden, wo gerade gute Musik läuft. Als sie zurückkommt, erzählt sie mit leuchtenden Augen, dass sie einen richtig tollen Typen gesehen hat. Auf meine Frage hin, ob es der mit der roten Weste ist, schaut sie mich überrascht an. Dann müssen wir beide lachen. Ich weiß genau, welcher Typ Mann Jenni auffällt und als dieser an mir vorbei läuft ist mir klar, dass sie ihn gut findet. Kennst du das auch, dass du genau weißt, auf wen deine Freundin steht?

Es ist so, dass die meisten Frauen sich von einem bestimmten Typ Mann angesprochen fühlen. Man hat bestimmte Erwartungen an das äußere Erscheinungsbild. Viele Frauen finden Männer in Uniform unglaublich sexy. Eine Uniform macht es einem Mann natürlich sehr einfach, ordentlich gekleidet zu erscheinen. Anders als bei dem Typ, den ein Mann darstellt, ist es bei den Klamotten allerdings so, dass man das im Laufe der Beziehung in die richtigen Bahnen lenken kann - falls er mitspielt. Dann gehst du mit deinem frisch verliebten Partner shoppen. Alle Outfits, in denen du ihn zum Anbeißen knackig findest, werden für ihn eine gewisse Attraktivität haben, so dass er sie sich hoffentlich kauft. Andernfalls hast du ein paar Ideen für Geburtstags- und Weihnachtsgeschenke. Das funktioniert aber nur, wenn der Mann keinen eigenen Stil hat, sich aber dir zuliebe nach deinen Wünschen kleidet.

Für den Fall, dass der Mann mit seinem Outfit durchaus ein Statement setzen möchte, klappt das in der Regel nicht. Ich erinnere mich noch an die Rückmeldung von Irene nach einem Date. Sie hatte sich für das erste Kennenlernen mit einem Mann zu einem Spaziergang verabredet. Das Auffälligste war seine türkisfarbene Hose. An sich eine sehr schöne Farbe, aber ihrer Meinung nach nicht an den Beinen eines Mannes. Das war aber nicht das Problem. Sie ist nicht umgekehrt und weggelaufen, sondern hat beim Spaziergang versucht, den Mann kennenzulernen. Das Problem war offensichtlich, dass er durch und durch auf einer Wellenlänge mit seiner türkisfarbenen Hose war, was nicht ihren Vorstellungen von einem Mann entsprach. Es kann sich also lohnen genau hinzusehen, wie aussagekräftig etwas ist, das dir auffällt. Vielleicht hat es etwas zu bedeuten, vielleicht ist es aber einfach nur eine Hosenfarbe.

Jetzt kann man natürlich sagen, dass das Aussehen nicht wichtig ist. Aber wie sagt man so schön, das Auge isst mit. Die Optik spielt eine gewisse Rolle beim Kennenlernen. Wenn dich jemand anspricht, den du total unattraktiv findest, wirst du ihm eher einen Korb geben, als wenn dein optischer Traummann vor dir steht. Lernst du jemanden in einer anderen Situation kennen, ihr unterhaltet euch und findet euch nett, ist es viel leichter ihn unabhängig von der Optik attraktiv zu finden, weil die inneren Werte in dem Moment mit in dein Urteil einbezogen werden.

Viel wichtiger als das Äußere sind bei einer langjährigen Beziehung die inneren Werte. In der Theorie wissen wir das alle, für die Praxis will ich dich hier aber noch einmal daran erinnern, deinen Fokus mehr auf seine Art und Weise, seine Einstellung und Werte zu legen und dich nicht stundenlang mit der Optik zu beschäftigen. Finde also am besten einen guten Mittelweg.

Lass mich noch einmal zum Thema Typ bzw. Aussehen zurückkommen. Meistens hat man eine grobe Vorstellung des perfekten Seelenpartners. Du hast eben einen bestimmten Typ Mann, der dir gefällt. Sozusagen dein persönliches Beuteschema, nach dem du bisher immer Ausschau gehalten hast. Aber hast du dich schon einmal gefragt, ob es vielleicht an deinem Typ liegt, dass es bisher nicht geklappt hat? Vielleicht ist genau das dein Problem? Bist du sehr festgelegt darin, wie er optisch auszusehen hat? Dann würde ich dir empfehlen, von diesem engen, optischen Anforderungsprofil abzuweichen. Ohne dass dir das bisher vielleicht aufgefallen ist, ähnelt dein Typ Mann vielleicht deinem Vater oder einem Helden aus deiner Jugend. Natürlich muss dein Mann für dich auch sexuell anziehend sein und du musst ihn attraktiv finden, aber das gelingt auch ohne das bisherige, starre Muster. Daher versuche offen zu bleiben für einen anderen Typ Mann, damit deine Beziehung jetzt auch anders werden kann.

Bei den Eigenschaften und Vorlieben deines Seelenpartners solltest du auf alle Fälle genauer werden. Mit diesen Eigenheiten und Macken musst du möglicherweise bis zum Ende deines Lebens auskommen. Da macht es das Leben natürlich einfacher, wenn du nicht jedes Mal in Stress gerätst oder dich ärgerst.

Ich hatte einmal eine Beziehung mit einem Mann, der Tiere absolut nicht mochte. Da meine Tiere wie meine Kinder sind, waren dies ständige Reibungs- und Diskussionspunkte. Anfangs dachte ich, dass er sich einfach daran gewöhnen musste, dass meine Katzen auf der Couch Haare hinterlassen. Um ihm die Gewöhnungsphase so einfach wie möglich zu machen, habe ich vor jedem seiner Besuche meine Wohnung gesaugt und alle Polster von Katzenhaaren befreit. Wenn meine Freundin Christa spontan auf einen Cappuccino vorbeikam, wusste sie genau, ob ich Besuch von ihm bekomme oder nicht, weil das am Zustand der Wohnung abzulesen war. Das wurde schon zum Running-Gag, wenn sie an der Türe den Staubsauger hörte. Aber ist ja schön, dass man aus solchen Situationen lernt. Ich habe danach keinen Partner mehr in Erwägung gezogen, der auch nur ansatzweise ein Problem mit meinen Tieren hatte.

Daher überlege dir jetzt gut, mit was du leben kannst und mit was nicht. Es macht keinen Sinn, dich für den Rest des Lebens zu verbiegen bei etwas, das zu dir und deinem Leben gehört. Falls du Tierbesitzer bist und dein Hund oder deine Katze schläft mit im Bett, dann ist das so und soll wahrscheinlich auch so bleiben. Derjenige, der danach kommt – sprich der Mann – muss sich an diese Gegebenheiten anpassen, sonst ist er nicht der Richtige. Oder wie siehst du das?

Lass uns also anfangen. Nun geht es darum, herauszufinden, wie der für dich perfekte Seelenpartner aussieht. Dabei kannst nur du selbst entscheiden, was deiner Meinung nach gut oder schlecht für dich ist. Du kannst andere um Rat oder Ideen fragen, aber jeder hat ein anderes Bild von einem perfekten Partner. So kann jedes Töpfchen sein passendes Deckelchen finden!

## Dein Horror-Mann

Bei vielen Menschen ist es so, dass sie sich zunächst schwertun, im Detail festzulegen, was sie sich genau wünschen. Oft fällt es leichter, herauszufinden was man nicht möchte. Da dies der leichtere Weg ist, fangen wir also mit deinem Horror-Mann an. Erstelle eine Liste mit Punkten, wie dein Partner keinesfalls sein darf und welche Eigenschaften überhaupt nicht in Frage kommen. Bei welchen Gegebenheiten, Eigenschaften und Macken eines Mannes wirst du ab sofort augenblicklich das Weite suchen? Neben der Hilfestellung für die Wunschkriterien dient diese Liste nämlich zusätzlich deinem Schutz. Ja, ich bin der Meinung, dass viele Frauen vor sich selbst geschützt werden müssen. Viel zu viele Frauen bleiben zu lange bei einem völlig unpassenden Mann. Ob es nun aus Angst vor dem Alleinsein, Torschlusspanik, Bequemlichkeit, Gewohnheit, Mitleid, grenzenlosem Optimismus oder Helfersyndrom ist spielt keine Rolle. Es ist einfach schade, die Zeit mit jemandem zu vergeuden, wenn es da draußen mehrere passende Männer für dich gibt.

Die Beschreibungen deines Horror-Mannes brauchst du somit als allererstes bei jedem neuen Kennenlernen. Bevor die Hormone Salsa tanzen und du nicht mehr klar denken kannst, musst du die Liste nehmen und abchecken, ob er eine Fehl-Lieferung ist, welche du schnellstens zurückschicken solltest. Es ist wichtig, dass du keine Zeit und Energie an Exemplare mit Mängeln verschwendest. Bestimmt findet sich da draußen irgendwo die perfekten Partnerinnen für diese Männer. Du musst dich nicht opfern und unglücklich machen, indem du dich auf sie einlässt. Was du auf diese Horror-Mann-Liste schreibst ist nicht als Abwertung für diese Männer zu sehen. Es beschreibt ausschließlich deine persönlichen Ausschlusskriterien, die du vermeiden willst. Punkte auf dieser Liste können bei anderen Frauen ganz oben auf der Wunschliste des perfekten Partners stehen. Das ist das Schöne an der ganzen Sache, dass wir alle so unterschiedlich sind und es daher für jeden Topf auch einen Deckel gibt. So mag es sein, dass du es total entspannt und cool findest, wenn ein Mann mit ausgebeulter Jogginghose und Badelatschen zum Einkaufen fährt, während jemand anderes nur den Kopf schüttelt und sich mit so einem niemals in der Öffentlichkeit zeigen würde. Jedem das Seine.

Denke also daran bei potentiellen Partnern zuerst die Horror-Checkliste durchzugehen, bevor du dich weiter in das Abenteuer des Kennenlernens einlässt. So kannst du dir viele Verletzungen ersparen, denn „What you see is what you get.“. Du bekommst das was du siehst und nicht das Potential, das du dahinter vermutest und möglicherweise in jahrelangem Training aus dem Mann herauskitzeln könntest. Aber dazu kommen wir später noch.

Am Anfang des Buches habe ich dir erklärt, dass alle Notizen nur für dich sind und niemand sie sehen muss. Hier kommen wir jetzt zur berühmten Ausnahme, welche die Regel bestätigt. Bei der Horror-Mann Liste würde ich dir empfehlen, deiner besten Freundin eine Kopie zu geben, damit sie dir notfalls den Kopf waschen kann - solange es noch geht. Wenn noch jemand mit beurteilt, ob ein Punkt der Liste zutrifft oder nicht stehen die Chancen besser, dass du ehrlich zu dir bist, dir einen Mann nicht schönredest und beide Augen zudrückst, anstatt die Finger von ihm zu lassen.

Nimm also dein Notizbuch oder Workbook und schreibe auf, was keinesfalls in Frage kommt, selbst wenn ihr die einzig Überlebenden auf einer einsamen Insel seid.

### Dein perfekter Seelenpartner

Sobald die Liste des Horror-Mannes beendet ist, können wir diese nutzen, um mit der Liste für den perfekten Seelenpartner anzufangen. Frage dich bei jedem Horror-Merkmal, was du stattdessen am Allerliebsten bei deinem Seelenpartner hättest. Wenn auf deiner Horror-Liste zum Beispiel „Alkoholiker" steht, dann könnte auf der Liste des perfekten Seelenpartners stehen: Ist Abstinenzler oder trinkt nur zu besonderen Anlässen in Maßen oder trinkt maximal am Wochenende ein Gläschen Wein zum Essen oder ist stabiler, ehemaliger Alkoholiker. Je nachdem, was sich für dich stimmig anfühlt und mit was du dauerhaft leben kannst, ist in dem Fall richtig. Wie du merkst, geht es darum festzulegen, womit du dich am wohlsten fühlst. Je genauer und messbarer deine Angaben sind, umso besser.

Sobald du die Horror-Liste durchgegangen bist und für jedes Merkmal das notiert hast, was du stattdessen haben möchtest, können wir uns auf weitere Bereiche konzentrieren. Um es übersichtlicher zu machen, unterteilen wir die Bestellung in mehrere Themengebiete. Ich gebe dir wie bei der Festlegung deines Profils einige Ideen für die Themengebieten. Natürlich können diese Anregungen nicht vollständig sein, sie sollen dir aber eine Hilfestellung sein für die Ausarbeitung des perfekten Partner-Profils.

Ein weit verbreitetes Missverständnis möchte ich vorab aus der Welt räumen: Es macht keinen Sinn, eine so grobe und ungenaue Bestellung des Lebenspartners anzufertigen, dass sie für möglichst viele Männer zutrifft. Falls du spürst, dass du Stress damit hast, das Profil einzuengen, gibt es dafür einen Grund. Vermutlich hast du Angst, dass es genau diesen tollen Mann nicht gibt oder er dich nicht will. Die Angst, keinen Mann zu finden, führt dazu, dass man seine Ansprüche herunterschraubt. Klar, das kannst du machen, aber dann ist das Buch zum Finden des Seelenpartners nicht das Richtige für dich. Du würdest jeden nehmen, egal wie gut er zu dir passt, egal wie sehr du in der Beziehung leiden würdest und egal wie sehr du dich für ihn verbiegen müsstest. Solltest du dich hier ertappt fühlen, dann ist das prima, denn es gibt dir jetzt die Möglichkeit, an dieser Blockade etwas zu verändern. Hinter dieser Angst stehen wieder hinderliche Glaubensmuster, da du davon ausgehst, dass es diesen perfekten Seelenpartner nicht gibt, du ihn nicht verdient hast oder nicht attraktiv genug für ihn bist. In diesem Fall mache hier eine kurze Pause und löse erst mit der vorher beschriebenen Methode deine einschränkenden Glaubenssätze auf.

Sobald du hinderliche Glaubenssätze verändert hast, kannst du loslegen. Nimm dazu wieder dein Notizbuch oder Workbook zur Hand und fange mit der Bestellung deines perfekten Seelenpartners an. Behalte die Tipps aus dem vorherigen Kapitel im Hinterkopf, wenn du anhand der folgenden Anregungen zu den einzelnen Bereichen deinen perfekten Seelenpartner wie eine Art Puzzle zusammenbastelst:

### Optik deines perfekten Partners

Größe, Figur, Haarfarbe, Hautfarbe, Augenfarbe, optischer Eindruck, Zähne, Haarschnitt, Bart, Tattoo, Piercings, Körperbehaarung, körperliche Verletzungen, Behinderungen

### Eigenschaften deines perfekten Partners

Abenteuerlustig, anpassungsfähig, aufrichtig, ausgeflippt, authentisch, bedächtig, begabt, begeisterungsfähig, belastbar, bodenständig, bescheiden, chaotisch, charakterstark, diplomatisch, detailverliebt, direkt, diszipliniert, dominant, empfindsam, entspannt, entscheidungsfreudig, ehrlich, eifersüchtig, entschlossen, experimentierfreudig, fleißig, feinfühlig, fröhlich, freundlich, fair, gründlich, gastfreundlich, gebildet, gesprächig, großzügig, harmoniebedürftig, hilfsbereit, humorvoll, handwerklich begabt, ideenreich, intuitiv, intelligent, junggeblieben, kreativ, konsequent, künstlerisch, kinderlieb, leidenschaftlich, loyal, mutig, menschenscheu, musikalisch, naturverbunden, ordentlich, perfektionistisch, pünktlich, redelustig, religiös, risikobereit, sicherheitsliebend, schüchtern, selbstkritisch, selbstbewusst, stolz, spontan, tolerant, teamfähig, treu, technisch begabt, tierlieb, unterhaltsam, unternehmungslustig, vorsichtig, verantwortungsbewusst, verlässlich, vertrauenswürdig, wortgewandt, wählerisch, witzig, zielstrebig, zuverlässig

### Vorlieben und Hobbys deines perfekten Partners

Sportarten, Freizeitbeschäftigungen, Fernsehvorlieben, Musikgeschmack, Urlaubsvorlieben, Tiere, Ernährungsgewohnheiten, Gebrauch von Stimulanzien (Rauchen, Alkohol, Drogen), telefoniert/schreibt gerne, Vereinstätigkeit, soziale Projekte

### Gemeinsamkeiten mit meinem perfekten Partner

Hobbys, Vorlieben, Körperlichkeit, Essgewohnheiten, Ruhebedürfnis, Familiensinn, Werte, Reiseziele, Kinderwunsch

**Zwischenmenschliches**

Wie ist mein Partner, wenn ich mit ihm alleine bin? Wie ist er im Kontakt mit Freunden, Familie, Bekannten oder Kollegen?

**Körperlichkeit**

Kuscheln, Küssen, Sexhäufigkeit, Sexvorlieben, frühere Erfahrungen, Einstellung Treue/offene Beziehung, introvertiert/extrovertiert zum Thema Körperlichkeit

**Altlasten deines perfekten Partners**

Single, verheiratet, geschieden, verwitwet, wie viele Kinder im Alter von - bis, Verhältnis zu Ex-Partnern und Kindern, Trennungsgründe, Vorstrafen, selbst Scheidungskind, Traumata

**Familie deines perfekten Partners**

Eltern leben oder verstorben, Verhältnis zu Vater und Mutter, Geschwister, Verhältnis zu Geschwistern und anderen Familienmitgliedern

**Herkunft deines perfekten Partners**

Land, Region, Stadt, Muttersprache, Dialekt, Religion

**Freundeskreis deines perfekten Partners**

Frauen und/oder Männer, wenige Kontakte oder Cliquentyp, Männer-Abende oder Pärchen-Treffs, feste Verpflichtungen mit Freunden oder Vereinen

**Bildung deines perfekten Partners**

Schulabschluss, Studium, Allgemeinwissen, Sprachkenntnisse, Ausdrucksweise, Fortbildungen

**Wohnsituation deines perfekten Partners**

Stadt, Land, Wohnung, Haus, Miete, Eigentum, alleine, mit Kindern, mit Eltern, Wohngemeinschaft, örtlich gebunden oder flexibel, Zweitwohnsitz

**Berufliches und Finanzen deines perfekten Partners**

Schule, Lehre, Studium, fester Job, flexibler Job, Selbständig, auf der Suche, geistige oder körperliche Arbeit, Einstellung zum Job, Einkommen, Schulden

**Lebensziele deines perfekten Partners**

Künftige Wohnsituation (Wohnung, Haus, Stadt, Land, Region), Auswander-Träume, Kinderwunsch

**Bevorzugte Liebesbekundungen deines perfekten Partners**

Hier möchte ich anknüpfen an das Thema Liebesbekundungen, das ich für dein eigenes Profil bereits aufgeführt habe. In einer Partnerschaft möchte man sich geliebt fühlen. Zunächst denkt man, dass der Andere genauso tickt wie man selbst. Die Chance, dass er in vielen Bereichen anders tickt, ist aber größer. Nach den ersten hormonell gesteuerten Glücksmonaten kann es für eine dauerhafte Beziehung entscheidend sein, ob du dich noch geliebt fühlst und natürlich auch, ob er sich von dir geliebt fühlt. Wir neigen dazu, unsere eigenen Bedürfnisse nach Liebe dem anderen überzustülpen. Das kann richtig in die Hose gehen. Jetzt ist die Gelegenheit den perfekten Seelenpartner in dein Leben zu ziehen. Runde das Ganze damit ab dir Gedanken zu machen, wie du das Thema Liebesbeweis so optimal und reibungsfrei wie nur möglich gestalten kannst. Eure innige Verbindung und Liebe kann mehr und mehr wachsen, falls sich dein Seelenpartner von Natur aus leichttut, dir seine Liebe exakt so zu zeigen, wie du sie brauchst. Vielleicht bemüht er sich nach bestem Wissen und Gewissen, dir das Gefühl zu geben geliebt zu werden. Doch genau auf die Art, wie du es brauchst, fällt es ihm schwer. Falls ihm diese Art der Liebesbekundung nicht liegt, bekommt ihr über kurz oder lang ein Problem. Natürlich auch umgekehrt. Solltest du ihm nicht auf seine Art und Weise zeigen können, wie sehr du ihn liebst, bleibt er vielleicht nicht für immer bei dir. Welche Art von Liebesbeweis fällt dir besonders leicht, sodass du es auch gut und viel geben kannst, damit sich dein Partner geliebt fühlt?

Es gibt also zwei Seiten, welche du bedenken solltest:

1. Welche Art von Liebesbeweis brauchst du? Dein Seelenpartner sollte also bestmöglich genau die Fähigkeit besitzen, dir seine Liebe genau so zeigen zu können, wie du sie braucht.

2. Welche Art von Liebesbeweis kannst du jederzeit gerne geben und dem Partner so das Gefühl geben, bedingungslos geliebt zu werden? Optimal ist es, wenn dein Seelenpartner genau diese Art von Liebesbeweis braucht.

Frage dich also, was dir besonders leichtfällt und wie du ihm künftig deine Liebe zeigen möchtest, denn dann kannst du genau dieses Bedürfnis des Partners auf die Bestellung deines Seelenpartners schreiben.

Soll dein Partner eher haptisch orientiert sein mit Körperkontakt, Händchenhalten, Streicheln, Kuscheln und Sex?

Soll dein Partner eher verbal orientiert sein und mehrfach täglich von dir hören wollen, wie toll er ist, wie stolz du auf ihn bist und wie sehr du ihn liebst?

Soll dein Partner eher praktisch orientiert sein und sich freuen, wenn du etwas für ihn tust? Möchtest du ihn bei seinen Aufgaben, Tätigkeiten und Hobbys unterstützen?

Soll dein Partner Liebe mit symbolischen Gesten verbinden, so dass du ihm deine Liebe mit Geschenken oder Überraschungen zeigen kannst?

Soll dein Partner eher der emotionale Typ sein und am liebsten ganz viel Zeit mit dir verbringen wollen, egal was ihr in der Zeit macht, Hauptsache zusammen?

Genau diese Punkte können entscheidend sein. Sollte dein Seelenpartner deine verbalen Zusprachen brauchen aber dir fällt es schwer andere zu loben oder „Ich liebe dich" zu sagen, habt ihr ein Problem. Die Art und Weise wie jemand Liebe zeigt und braucht, ist ein sehr wichtiger Punkt in deiner Wunschliste für den perfekten Seelenpartner. Egal wie toll er ansonsten ist und wie gut ihr zusammen harmoniert, wenn sich einer von Euch nicht geliebt fühlt, kann das zum Scheitern der Beziehung führen. Um sich ganz fallen lassen zu können in einer Beziehung, muss man sich sicher und geliebt fühlen. Daher nimm dir hier wirklich Zeit, dich ehrlich zu beurteilen in dem, was du geben kannst.

### Sexualität

Ein Problem entsteht in vielen Partnerschaften im Bereich der Sexualität. Aus diesem Grund möchte ich detaillierter darauf eingehen. Der größte Unterschied zwischen einer Wohngemeinschaft und einer Paarbeziehung findet sich in der Sexualität. Sex spielt zwangsläufig eine Rolle. Alle, die sich schon einmal für die Partnersuche auf Online-Plattformen getummelt haben, können vermutlich die wildesten Geschichten erzählen über den Stellenwert, den Sex dort beim Kennenlernen darstellt. Wenn wir davon ausgehen, dass du keine 11 Jahre mehr bist, sondern schon die eine oder andere sexuelle Erfahrung gemacht hast in deinem Leben, dann ist absolute Ehrlichkeit jetzt so wichtig wie nie. Was für eine Sexualität möchtest du? Wie wichtig ist dir Sex? Welche Art von Sex findest du gut, welche geht für dich keinesfalls? Was hat dich schon immer interessiert, aber du hast es dir bisher nicht getraut oder die bisherigen Partner waren nicht aufgeschlossen dafür? Welche Erfahrungen oder Fertigkeiten wünschst du dir von deinem Partner? Welche Bedürfnisse kannst du ihm befriedigen und wo ziehst du die Grenze? Wie oft am Tag, in der Woche, im Monat, im Jahr oder Jahrzehnt kannst du dir vorstellen, Sex zu haben? Was ist das Minimum, was das Maximum? Was brauchst und willst du? Wie experimentierfreudig bist du?

Liebst du es gestreichelt und geküsst zu werden? Träumst du davon händchenhaltend spazieren zu gehen? Dann fühlst du dich womöglich schnell zurückgewiesen, wenn er dir das nicht gibt. Oder du fühlst dich überrumpelt, wenn dein Partner nichts von Vorspiel hält und gleich zum Sex kommt. Andererseits kann es äußerst unbefriedigend für dich werden, wenn du Sex genießt, aber der Mann Erektions-Störungen hat oder impotent ist. Wenn er durch diesen Konflikt aus Selbstschutz jeglichen Körperkontakt vermeidet, fehlt dir selbst die Nähe. Hast du das Gefühl, bereits genug Sex im Leben gehabt zu haben und dir der Sex nicht mehr fehlt? Hast du aufgrund einer traumatischen Erfahrung Angst vor Sex und verkrampfst? In solchen Fällen macht es möglicherweise Sinn, sich einen impotenten Seelenpartner zu wünschen. So ersparst du dir all das Drama, wenn du selbst keine Lust auf Sex hast und es eher als Zwang oder Pflicht ansiehst oder dich dazu überwinden musst. Ist das Thema Sexualität mit Angst oder Zwang belegt, fällt es schwer, sich geliebt zu fühlen und dem anderen seine Liebe zu zeigen.

Bist du gerade in einer Partnerschaft oder hast du jemanden kennengelernt, der möglicherweise der perfekter Seelenpartner für dich ist? In dem Fall musst du ein wenig besser aufpassen beim Schreiben deiner Liste. Kennst du das Sprichwort „Lieber der Spatz in der Hand, als die Taube auf dem Dach“? Entsprechend diesem Sprichwort neigen wir dazu, uns mit wenig zufrieden zu geben, aus Angst, das richtig Gute nie zu bekommen. Also sind wir lieber mit weniger zufrieden, bevor wir leer ausgehen. Trotzdem rate ich dir wirklich nach den Sternen zu greifen, während du diese Liste schreibst.

Nachdem du fertig bist mit deiner Wunschliste für den perfekten Seelenpartner, kannst du deinen aktuellen Partner oder Angebeteten einem Reality-Check unterwerfen, indem du ihn mit deiner Liste vergleichst. Stelle dir eine Skala von Null bis Zehn vor. Null bedeutet, dass er überhaupt keine Übereinstimmungen hat und Zehn, dass er alle Punkte verkörpert. Welche Zahl trifft auf den besagten Mann zu? Ist dieser Reality-Check eine Ernüchterung für dich? Dann solltest du dich mit dem Gedanken anfreunden, dass er möglicherweise nicht der Partner ist, mit dem du dauerhaft glücklich sein kannst. Entweder müsste er sich sehr verändern oder du müsstest Kompromisse eingehen, was vermutlich zu zwei unglücklichen Menschen führt. Vielleicht sieht es aber nicht so schlecht aus und du erkennst, dass die wichtigen Punkte erfüllt sind und dir der Verzicht auf den Rest nicht viel aus macht. Tja, und vielleicht ist das jetzt der Moment, in dem dir heiß und kalt wird, weil du schwarz auf weiß vor dir stehen hast, dass das der perfekte Seelenpartner für dich ist!

Diese Wunschliste für den perfekten Seelenpartner kannst du dir gelegentlich ansehen und gegebenenfalls überarbeiten, wenn sich etwas an deiner Einstellung oder deinen Vorlieben ändert. Also keine Panik, sie ist nicht in Stein gemeißelt, sondern darf sich an dich und dein Leben anpassen.

Sollten dir beim Schreiben der Liste Punkte über dich selbst aufgefallen sein, welche dir vorher nicht bewusst waren, verändere nochmal dein eigenes Profil so, dass es richtig gut passt.

Aufgabe: Horror-Mann definieren und danach Bestellung schreiben für den perfekten Seelenpartner.

| **MEIN HORRORMANN** |
| --- |
| |

| **MEIN SEELENPARTNER** |
| --- |
| |

*„Der Weg bildet sich dadurch,*
*dass er begangen wird."*
*Tschuang-Tse*

## 10 Vision der perfekten Beziehung

Nach all der Arbeit weißt du nun, welchen Partner du dir wünschst. Jetzt ist es Zeit die optimale Vision deiner perfekten Beziehung mit Leben zu füllen. Ich möchte, dass du richtig enthusiastisch wirst, Spaß hast und es kaum mehr abwarten kannst bis es endlich soweit ist. Wie sieht dein optimales Leben in der perfekten Beziehung mit deinem Seelenpartner aus?

Als ich in dieser Phase meiner Seelenpartner-Bestellung war, erkannte ich ganz klar, wie wichtig es mir ist, dass der Mann meine Tiere nicht nur akzeptiert (hatte ich nach dem Tierhasser ergänzt) oder wie mein Ex-Mann mich in meinem Hobby unterstützt, sondern dass ich mehr will. Bei der Mann-Bestellung war eigentlich nur die Unterstützung bei den Tieren geplant. Aber als ich mit dem Visualisieren der Zukunft begann, schlichen sich plötzlich diese Bilder ein, in denen wir gemeinsam ausreiten. In der absolut perfekten Vorstellung der Zukunft waren es nicht meine Tiere, sondern unsere Tiere! Er sollte nicht nur Verständnis haben, dass ich viel Zeit mit den Pferden verbringe und mich bei der Stallarbeit, dem Koppelbau und allen anderen anfallenden Tätigkeiten unterstützen, wie mein Ex-Mann. Nein, jetzt wollte ich den absoluten Superlativ! Es sollte ein Mann sein, der das gleiche Hobby hat und gemeinsam mit mir den Stall mistet, den Zaun baut, die Wiese mäht und gemeinsam mit mir ausreitet! Und das nicht mir zuliebe, sondern weil es auch sein Hobby ist! Zu dem damaligen Zeitpunkt kannte ich etwa fünf reitende Männer und alle hätten es sofort auf die Horror-Mann Liste geschafft. Ich habe mich mit meiner Vision also ziemlich weit aus dem Fenster gelehnt.

Hatte ich am Anfang dieses Buches erwähnt, dass ich nicht gerade ein einfacher Fall bin? Daher habe ich selbst hier noch einen draufgesetzt. Als überzeugte Rai Reiterin sah ich uns mit Rai-Bändele reiten! Der Mann sollte also nicht nur sanft mit Pferden umgehen - was in der Branche leider selten zu finden ist - er sollte auch noch gebisslos reiten. Für alle Nicht-Reiter eine kurze Erläuterung, damit keine falschen Bilder im Kopf entstehen: Dies bedeutet nicht, dass er seine dritten Zähne während dem Reiten in die Corega-Tabs-Dose legt. Gebisslos reiten bedeutet, dass das Pferd keine Eisenstange im Maul hat und somit schmerzlos gelenkt und gebremst wird. Inzwischen weiß ich, dass man auch mit Gebiss sanft reiten kann und tue dies abwechselnd mit Bosal und Bändele, trotzdem finde ich es total sexy, wenn mein Mann mit seinem Pferd nur mit Rai-Bändele fliegende Galoppwechsel und kleine Sprünge reitet und sogar nur mit Halsring ausreitet, und das in allen Gangarten. Was ich damit sagen will: Greif nach den Sternen! Ich habe noch ein paar für dich am Himmel hängen lassen.

### Regeln für eine gute Vision

Um deine Vision von der gemeinsamen Zukunft mit deinem Seelenpartner so effektiv wie möglich zu gestalten, gibt es ein paar Regeln zu beachten:

1. Deine Vision sollte glaubwürdig für dich sein. Du solltest es wirklich für möglich halten, dass dies so eintreffen kann.

2. Gleichzeitig sollte die Vision aber herausfordernd sein. Gehe also ein wenig über die Grenze des vermeintlich Machbaren hinaus. Wenn deine Vision zu realistisch ist, dann ist sie zu klein.

3. Deine Vision soll deine Wünsche und Träume beinhalten und nicht die deiner Mutter oder Freundin. Was wünschst du dir?

4. Auch wenn es hier vorrangig um den Seelenpartner geht, integriere wichtige Personen mit in deine Vision. Es geht nicht darum ein Einsiedler-Leben zu kreieren mit Seelenpartner, sondern ein glückliches Leben in der Gemeinschaft, mit Freunden und Familie.

5. Schreibe eine richtige Geschichte und nicht nur Stichworte. Beschreibe in der Gegenwartsform einen perfekten Tag, einen perfekten Urlaub und andere Situationen mit deinem Seelenpartner.

## Perfekte Vision finden

Jetzt bist du dran. Schreibe in der Gegenwartsform, als wäre es jetzt alles bereits so, wie du dir dein Leben wünschst, mit all den zwischenmenschlichen Kontakten, welche dazu gehören. Auch hier gebe ich dir einige Anregungen. Stelle dir diese Fragen in aller Ruhe und beobachte, welche Antworten und Bilder du bekommst. Vielleicht ist ein bestimmtes Gefühl wahrnehmbar, wenn du an eine künftige Situation denkst. Ergänze die folgende Aufzählung mit allen Ideen, die dir einfallen. Vor allem ergänze persönliche Besonderheiten deines Lebens. Wenn du bereits Kinder hast, selbständig bist, eine Erkrankung oder Behinderung hast oder eine andere feste Komponente in deinem Leben besteht, dann frage dich, wie der perfekte Seelenpartner damit umgehen soll.

Falls du im Rahmen der Visualisierungen deine Bestell-Liste für den perfekten Seelenpartner noch einmal anpassen möchtest, ist das kein Problem. Du kannst jederzeit Aktualisierungen vornehmen, damit er bestmöglich zu dir und deinem Leben passt. Stelle dir diese und weitere persönliche Fragen zu deiner optimalen Zukunft und schreibe unzensiert auf, welche Antworten dir in den Sinn kommen.

- ♥ Wie siehst du in deiner perfekten Zukunft aus?
- ♥ Wie nehmen dich andere wahr, was sagen sie über dich?
- ♥ Wo lebst du?
- ♥ Wie sind deine Lebensumstände?
- ♥ Wie empfindest du deine Beziehung?
- ♥ Wie geht es dir, wenn du ohne deinen Seelenpartner unterwegs bist?
- ♥ Was ist so ganz anders als jetzt?
- ♥ Wie verläuft ein typischer Tag, vom Aufstehen bis zum Ins-Bett-Gehen?
- ♥ Was macht ihr am Wochenende?
- ♥ Wie verbringt ihr die gemeinsame Zeit?
- ♥ Worüber redet ihr?
- ♥ Worüber lacht ihr gemeinsam?
- ♥ Welche Filme oder Serien seht ihr euch gemeinsam an?
- ♥ Was liebst du besonders an ihm, auch noch nach vielen Jahren?

- Welche Geheimnisse teilt ihr miteinander?
- Wie küsst er und wie ist der Sex mit ihm?
- Auf welche Art zeigst du ihm deine Liebe?
- Wie überraschst du ihn?
- Welche Restaurants oder Museen besucht ihr?
- Wie geht es dir, wenn dein Partner seinem Hobby nachgeht
- Wie geht es dir, wenn dein Partner sich ohne dich mit Freunden trifft?
- Wie verlaufen gemeinsame Treffen mit Freunden?
- Wie sehen die Urlaube aus und wie versteht Ihr Euch im Urlaub?
- Wie erlebst du Familienfeiern mit ihm bei deiner Familie?
- Wie fühlst du dich im Zusammensein mit seiner Familie?
- Wie fühlst du dich, wenn die Beziehung Realität geworden ist?
- Wie veränderst du dich als Person mit ihm an deiner Seite?
- Wie zeigt ihr euch gegenseitig eure Liebe?

**Verstärken der Vision**

Diese inneren Bilder bringe zu Papier, schreibe sie auf. Bist du eher ein visueller Typ? Dann bastle zusätzlich eine Collage. Klebe Bilder aus Zeitschriften oder dem Internet auf eine große Wand und erschaffe ein sogenanntes Vision Board. Alternativ hänge die Bilder an deine Pinnwand, um diese Vision ständig vor Augen zu haben. Vielleicht hast du damit bei der Erstellung deiner Absicht bereits angefangen, dann kannst du das jetzt erweitern. So beschleunigst du den Materialisierungsvorgang noch einmal.

Diese Vision deiner Zukunft stelle dir nun möglichst jeden Tag detailliert vor. Nimm dir Zeit, um bestimmte Situationen in deinem künftigen Leben mit dem Seelenpartner vor deinem inneren Auge zu sehen, zu spüren, zu schmecken, zu riechen. Je mehr Sinne du in die Visualisierung mit einbeziehst, desto realer wird sie für dein Gehirn. Dein Gehirn kann nicht unterscheiden, ob du dir etwas vorstellst oder ob es wirklich passiert. In Studien fand man heraus, dass genau die gleichen Areale im Gehirn aktiviert werden und elektrische Impulse abfeuern, egal, ob etwas wirklich passiert oder man es sich nur vorstellt. Je lebendiger deine

Vorstellung also ist, desto realer ist es. Durch das Gesetz der Resonanz beschleunigst du damit den Materialisierungsvorgang. Wie ein Magnet kann dein Seelenpartner so in dein Leben und die gemeinsame Zukunft gezogen werden. Also hilf ihm dabei, dich möglichst schnell zu finden, indem du die entsprechende Resonanz aufbaust. Gib richtig viel Energie, Aufmerksamkeit, Freude und Liebe in diese inneren Bilder, damit sie sich kraftvoll und schnell in der Realität zeigen.

Aber Achtung: Unterschätze nicht die Wirksamkeit der universellen Gesetze bei deiner Visualisierung. Der Erfolg deiner Visualisierung steht und fällt mit deinem Gefühl dabei! Solltest du mehr in dem Gefühl des Schmerzes sein, dass du den Seelenpartner noch nicht hast, dann bringt dir die Visualisierung nichts. Im Gegenteil, du erschaffst eine falsche Resonanz, welche noch mehr Schmerz in dein Leben zieht. Es ist daher ganz wichtig, dass du in das Gefühl der Dankbarkeit gehst, um deiner Visualisierung der perfekten Zukunft die richtige Energie zu geben. Doch wie kommst du in das Gefühl der Dankbarkeit, wo sich im Moment noch nichts zeigt von dem, was du dir wünschst?

Anfangen kannst du mit deiner Good-Vibrations-Liste, mit den Dingen, die dir ein gutes Gefühl geben. Höre tolle Musik, tanze, meditiere, tue genau das, was nötig ist, um dich richtig gut zu fühlen! Mache dir bewusst, dass dein Seelenpartner bereits irgendwo da draußen ist. Es ist nur noch eine Frage der Zeit, bis ihr euch begegnet. Vielleicht ist er dir auch schon über den Weg gelaufen oder es stellt sich heraus, dass dein aktueller Partner genau der Richtige ist. Du kannst dich in diesem Moment bereits entscheiden dankbar zu sein - ohne zu wissen, wer der Richtige sein wird und wann sich diese gemeinsame Zukunft entfaltet. In dem Fall bekundest du eine Absicht, wie zu Beginn des Buches. Entscheide dich also bereits jetzt, das Gefühl der Dankbarkeit zu spüren für all die Dinge, die du schon in deinem Leben hast. Denke bewusst an Personen, Situationen, Gegebenheiten, Glücksfälle und all das Schöne in deinem Leben und deiner Umgebung, für das du dankbar sein kannst!

Falls du meinst, dass es gerade nichts Schönes gibt, dann stell dir vor, wie es einem armen, halb verhungerten, afrikanischem Mädchen gehen würde, wenn sie auf einmal in deiner Wohnung mit deiner Kleidung, deinem vollen Kühlschrank und der sicheren Umgebung leben dürfte. Denkst du, dass dieses Mädchen in deinem Leben Dinge finden könnte, für die es dankbar wäre? Es hilft also, manchmal die Perspektive zu verändern, sich und sein Leben von außen zu betrachten. So gelingt es leichter, die eigene Betriebsblindheit abzulegen und all das, was wir als selbstverständlich ansehen, wieder mehr zu schätzen, zu würdigen und dankbar dafür zu sein. Nimm dir vor deiner Visualisierung ein paar Minuten Zeit, um ganz tief in die Dankbarkeit einzutauchen. Dann bist du in der optimalen Frequenz für deine Visualisierung und energetisierst diese mit dem Gefühl der Dankbarkeit.

Auf diese Art kann sich alles entsprechend dem Gesetz der Resonanz noch schneller verwirklichen.

Aufgabe: Detaillierte Vision schreiben für die perfekte Beziehung. Eventuell Vision Board mit Bildern füllen. Diese Vision jeden Tag mit so vielen Sinnen wie möglich vorstellen in dem Gefühl der Dankbarkeit.

**MEINE PERFEKTE ZUKUNFTSVISION MIT SEELENPARTNER**

*„Dazu sind Wünsche & Träume dir verliehen,*
*um alles, was dir fehlt,*
*in deinen Kreis zu ziehen."*
*Friedrich Rückert*

# 11 Bestellung abschicken

Alle wichtige Vorarbeit ist geleistet. Jetzt geht es darum, alle Energien in Bewegung zu setzen, so dass sich der Wunsch-Partner schnell zeigt. Die effektivste und schnellste Möglichkeit zu bekommen, was man gerne haben möchte, ist wie bereits erwähnt das Gefühl der Dankbarkeit.

Es gibt Milliarden Männer da draußen, du brauchst aber vermutlich nur einen davon, oder? Von der Wahrscheinlichkeit her also perfekte Chancen, dass der für dich optimale Partner schon irgendwo da draußen herumläuft. Er weiß nur noch nichts von seinem Glück.

Daher sei jetzt bereits aus vollem Herzen dankbar dafür, dass dein zukünftiger Partner existiert und ab jetzt magnetisch angezogen wird. Der Schlüssel der Dankbarkeit besteht darin, bereits jetzt dankbar zu sein für etwas, das du noch nicht hast. Im Vertrauen darauf, dass dein Wunsch sich bald erfüllt, kannst du jetzt schon dankbar sein.

Nun kannst du endlich bestellen. Durch deine gründliche Vorarbeit weiß das Universum, was du genau haben möchtest. Daher ist es für die konkrete Bestellung nicht mehr notwendig, alles im Detail festzuhalten. Es ist kraftvoller, die Bestellung in einem einzigen Satz zu formulieren.

### Freibrief ans Universum

Sehr effektiv ist ein Freibrief ans Universum. Warum solltest du das tun? Aus dem folgenden Grund: Du hast dem Universum mit deinen Aufzählungen und der gründlichen Vorarbeit genau gesagt, wen du als optimalen Partner möchtest und was für dich die optimale Beziehung ist. Es ist aber auch möglich, dass du dich in dem einen oder anderen Punkt getäuscht hast oder dir nicht das Allerbeste gönnen würdest. In dem Fall könntest du mit Hilfe eines Freibriefes doch noch das Optimum bekommen.

Die meisten von uns sind sogenannte Gewohnheitstiere und scheuen die Veränderung. Zumindest die Veränderung, welche sie nicht selbst kontrollieren können. Sie freuen sich über Überraschungen, aber bitte nur die Schönen. Bei den Bestellungen ans Universum ist es zum Teil auch so, dass du dir etwas bestellst, aber bestimmte Bedingungen daran knüpfst. Du willst etwas haben, aber eigentlich soll alles so bleiben, wie es ist. Da beißt sich die Katze in den Schwanz, wie man so schön sagt.

Daher macht ein Freibrief ans Universum Sinn. Einerseits kannst du deine eigenen Einschränkungen der Bestellung damit auflösen, andererseits nimmst du dem Universum sozusagen die Handfesseln ab, die du ihm angelegt hast. Das Letztere ist der schwierigere Teil des Freibriefs. Hier geht es darum, ins bedingungslose Vertrauen zu gehen: Vertraue darauf, dass deine Seele, das Universum, der liebe Gott oder wen auch immer du dir dabei gedanklich vorstellst, das Beste für dich im Sinn hat. Du gibst also den Freibrief für Veränderung. Verbal erreichst du das mit dem Zusatz „egal was es mich kostet“. Puh, jetzt musst du vielleicht erstmal tief durchatmen. Möglicherweise kommen jetzt alle möglichen schlimmen Vorstellungen in dir hoch, was du alles verlieren könntest, was also der Preis für den Seelenpartner ist.

Lass dir aus meiner jahrelangen Erfahrung im Anwenden dieses Freibriefes versichern: Es ist noch nie etwas Schlimmes passiert. Und da in der Programmierung deine glückliche Zukunft an oberster Stelle steht, kann dir gar nichts elementar Wichtiges genommen werden, sonst würde das nicht mehr stimmen, oder?

Solltest du noch nicht so viel Vertrauen haben, kannst du den letzten Zusatz für den Freibrief weglassen, auch wenn du damit den Bestellprozess nicht gerade beschleunigst.

Wie sieht so ein Freibrief aus? Es ist sozusagen das Kleingedruckte im Vertrag, ein Anhängsel. Dieses Anhängsel hängst du einfach an deine Bestellung dran. Achte dabei darauf, dass du es auch so meinst und fühlst. Wenn du es nur sagst, damit es gesagt ist, aber eigentlich nicht willst, hat es keine Kraft und somit keine Wirkung.

Ein Vorschlag für eine Bestellung mit Freibrief sieht so aus:

***„Danke dafür, dass ich meinen perfekten Partner schnellstmöglich kennenlernen darf, um ein langes, glückliches Leben mit ihm zu führen. Danke, dass es so kommt, wie ich es mir wünsche oder noch viel besser. Liebes Universum, bitte unterstütze mich dabei, egal was es mich kostet.“***

**Feuerritual**

Zur Verstärkung kannst du ein Feuerritual machen. Dafür kannst du diesen Satz mit Freibrief auf einen Zettel schreiben, ihn dreimal laut sprechen und anschließend verbrennen. So setzt du die gerade geschaffenen Energien frei, so dass sich alles noch schneller manifestieren kann.

Damit hast du nun alles getan, um den Vorgang in Gang zu setzen, dass die entsprechenden Umstände des Treffens geschaffen werden können. Du kannst jetzt entspannt und vertrauensvoll nach deiner Mann-Lieferung Ausschau halten.

Aufgabe: Bestellung abschicken, möglichst mit Freibrief ans Universum. Verstärke es mit einem Feuerritual.

**„Danke dafür, dass ich meinen perfekten Partner schnellstmöglich kennenlernen darf, um ein langes, glückliches Leben mit ihm zu führen. Danke, dass es so kommt, wie ich es mir wünsche oder noch viel besser. Liebes Universum, bitte unterstütze mich dabei, egal was es mich kostet.“**

*„Das Leben birgt viele Umwege in sich.*
*Die Kunst besteht darin,*
*dabei die Landschaft zu bewundern."*
*Zen-Weisheit*

# 12 Liefer-Engpässe

Manche Frauen sind so starke Magneten, dass sie ihren neuen Mann im Handumdrehen in ihr Leben ziehen und sich manchmal erschrecken, wenn das Single-Leben so schnell zu Ende ist.

Bei manchen Frauen dauert es etwas länger. Liefer-Engpässe kommen eben auch bei Mann-Bestellungen vor. Es kann sein, dass dein Seelenpartner noch ein paar Dinge zu regeln hat, bevor er für das Leben mit dir bereit ist. Vielleicht geht er gerade durch eine Krise und muss erst die eigenen Wunden lecken. Oder er ist noch in einer Beziehung, die erst beendet werden muss. Es kommt eben auch auf die Synchronizitäten an, dass alles zur richtigen Zeit am richtigen Ort passiert.

Solltest du nach deiner Bestellung daran zweifeln, dass alles wie gewünscht passiert, bist du nicht im Vertrauen. Damit nimmst du der Dankbarkeit und somit der Bestellung Kraft und Energie. In so einem Fall ist es hilfreich, nach jedem zweifelnden, negativen Gedanken gleich ein paar dankende Gedanken hinterher zu schicken, um die vorherigen negativen Energien auszumerzen. Deine Liste mit positiven Affirmationen, die du dir bereits aufgeschrieben hast, hilft dir dabei.

Flüstert dir dein inneres Teufelchen ein „das klappt doch eh nicht" oder „wer will mich schon haben" ins Ohr, dann reagiere sofort mit „danke, dass alles so kommt wie es für mich optimal ist" oder „danke, dass mein künftiger Partner mich so liebt, wie ich bin". Solltest du in diesem Prozess auf weitere, negative Glaubenssätze stoßen, löse diese auf, wie in den vorherigen Kapiteln beschrieben.

Damit dir das Danken, ohne bereits greifbare Resultate zu sehen, leichter fällt, gebe ich dir ein Beispiel: Du bestellst eine Karte für das Musical „König der Löwen" in Köln. Die Vorstellung ist in ca. drei Monaten an einem Samstagabend. Im Rahmen der Online-Bestellung bezahlst du die Karte und vertraust darauf, dass sie dir gemailt wird. Dann wartest du entspannt die drei Monate bis zur Vorführung ab. Am besagten Samstagabend sitzt du pünktlich zum Vorstellungsbeginn erwartungsfroh in deinem Sessel vor dem verschlossenen Vorhang und fieberst dem Beginn des Musicals entgegen.

Hast du während dieser Zeit irgendwann einmal gezweifelt, ob das Musical aufgeführt wird? Ob im Theater überhaupt etwas passiert, wenn der Vorhang aufgeht? Nein? Du hast tatsächlich darauf vertraut, dass ein Drehbuch geschrieben, die Finanzierung geklärt, Räumlichkeiten gefunden und Akteure ausgewählt wurden inklusive Ersatzbesetzung? Auch, dass diese wochenlang geübt, viele Leute an der Vorbereitung und Erstellung der Kostüme und des Bühnenbildes mitgearbeitet haben und sich ein ganzes Unternehmen mit der Vermarktung des Musicals beschäftigt hat? Prima! Dann weißt du ja wie Vertrauen bei der Bestellung des Seelenpartners geht. Genau so!

Nur weil du nichts davon mitbekommst heißt das noch lange nicht, dass das Universum nicht schon auf Hochtouren daran arbeitet, die optimalen Gegebenheiten für euer Kennenlernen zu arrangieren. Also vertraue darauf, dass alles läuft, auch wenn du im Alltag von den Vorbereitungen für den großen Tag nichts mitbekommst.

Immer schön entspannt bleiben, die restliche Single-Zeit genießen und Ausschau halten nach Mr. Right. Hast du eine Idee, was du in der Zwischenzeit Schönes machen könntest, um die Zeit auch genießen zu können? Am besten schreibst du dir eine sogenannte Bucket-List mit all den Dingen, die du machen kannst, bis dein Seelenpartner auftaucht.

Aufgabe: Entspannt und im Vertrauen bleiben! Genieße den Weg zum Ziel, denn Vorfreude ist mit eine der schönsten Freuden! Schreibe ein paar Ideen auf, mit denen du dir die Wartezeit verschönern kannst. Was möchtest du noch tun oder erleben, bevor dein Seelenpartner für immer in deinem Leben ist?

**MEINE PLÄNE FÜR DIE ZEIT BIS ZUM TREFFEN MEINES SEELENPARTNERS**

*„Chancen multiplizieren sich,
wenn man sie ergreift."
Sun Tzu*

# 13 Erreichbarkeit

Perfekt, du hast alles in die Wege geleitet, damit das Universum helfen kann, genau den richtigen Partner in dein Leben zu bringen. Aber das reicht noch nicht. Du musst im Vertrauen sein und Dankbarkeit aussenden. Daneben sind ein paar weitere Details zu beachten, um keine unnötigen Blockaden zu erschaffen - außer du möchtest das bewusst tun. Eine bewusst geschaffene Blockade könnte zum Beispiel eine zeitliche Verzögerung sein.

Solltest du noch Zeit brauchen, um die letzte Beziehung und Trennung zu verarbeiten, eine stressige berufliche Phase bevorstehen oder bereits Urlaub mit der Freundin gebucht haben, dann könnte es dein Wunsch sein, den Seelenpartner erst danach kennenzulernen. Spüre in dich hinein, ab wann er in dein Leben kommen darf. In einer Woche? Einem Monat? Einem Jahr?

Wie du zu Beginn des Buches erfahren hast, bin ich ja eher der ungeduldige Typ Frau. Ich hätte ihn damals am liebsten schon gestern gehabt, aber die sechs Wochen bis zum Kennenlernen meines Mannes vergingen dank meiner Bucket-List wie im Fluge, von daher war das okay.

## Empfangsbereitschaft ausstrahlen

Nachdem du dir der Dringlichkeit deiner Sehnsucht bewusst bist, arbeiten wir weiter an einer guten Erreichbarkeit, denn der Seelenpartner muss dich finden können. Kommen wir dafür zurück zu dem Beispiel mit der Bestellung im Versandhaus deines Vertrauens. Erinnerst du dich noch? Nachdem du deine Bestellung erfolgreich aufgegeben hast, musst du natürlich bereit sein, das Paket in Empfang zu nehmen. Bist du nie erreichbar oder gehst nicht an die Tür, wenn es klingelt, wird die Zustellung schwierig. Es liegt jetzt also an dir, nach der erwarteten

Lieferung Ausschau zu halten. Stelle sicher, dass das Universum dich auch antreffen kann, um das Paket „Seelenpartner" zu liefern. Hast du dir als Traummann einen Postboten oder Pizza-Lieferanten gewünscht, macht es Sinn daheim die Augen offen zu halten. Für alle anderen, auch diejenigen, die auf Online-Portalen unterwegs sind, gilt es jetzt sich draußen zu zeigen. Also geh raus, geh unter Leute und signalisiere, dass du auf die Lieferung des Seelenpartners wartest.

Wie du das machen kannst? Beispielsweise könntest du dich bei jedem Mann gedanklich fragen, ob er derjenige ist. Gönne jedem Mann, der dir begegnet die Möglichkeit mit dir in Resonanz zu gehen. Das machst du, indem du dich gedanklich dafür öffnest, dass jetzt möglicherweise das erste Kennenlernen stattfindet. Gib jedem potentiellen Partner eine Chance, indem du Blickkontakt suchst. Schön wäre es für den anderen, wenn du dabei ein freundliches, offenes Gesicht machen würdest. Alleine mit dieser offenen Empfangshaltung verstärkst du bereits deine Magnet-Wirkung, weil du eine andere Ausstrahlung bekommst.

Kommt dir das komisch vor? Falls du ein offener Mensch bist und auch so durch die Welt gehst, fragst du dich sicher, was das soll. Doch es gibt viele Menschen, die blind durch die Welt hasten, ohne die Menschen um sich herum bewusst wahrzunehmen. Das ist so, als hätten sie sich abgeschottet und daheim die Klingel ausgeschaltet, damit sie niemand kontaktiert oder ihnen zu nahekommt. Genau für diese Menschen ist es wichtig, sich wieder für ihre Umwelt zu öffnen, denn Kontakt entsteht aufgrund von Resonanz. Ein Anderer geht mit deiner Frequenz in Resonanz, er schwingt auf der gleichen Wellenlänge und fühlt sich von dir angezogen. Es wird schwierig, wenn du dein Schutzmäntelchen trägst und signalisierst, dass du in Ruhe gelassen werden willst und kein Interesse an deiner Umwelt hast. Wie der Postbote, der eventuell ein zweites Mal kommt, kommen sie vielleicht noch einmal vorbei. Aber wenn du dann wieder nicht bereit bist, das Paket anzunehmen, schicken sie es zurück und du gehst leer aus.

Nur für den Fall, dass du dich hier nicht angesprochen fühlst, bitte ich dich trotzdem, ehrlich nachzuspüren. Es gibt nämlich Frauen, die sind total offen, kennen Gott und die Welt und kommen mit jedem spontan ins Gespräch. Aber es bleibt überall auf der Kumpel-Ebene. Warst du bisher ein Kumpel-Typ? Sicher hast du bereits genug gute Freunde. Aber eigentlich möchtest du doch jetzt einen Liebespartner, oder? Dann musst du das auch ausstrahlen und dich entsprechend verhalten. Falls du dich hier erkennst, dann freue dich auf das nächste Kapitel. Dort erkläre ich dir, wie du diese Eigenschaft oder Verhaltensweise verändern kannst. Du sollst du selbst bleiben, aber deine Absicht beim Kennenlernen eines Mannes sollte von dem Wunsch bestimmt sein, als Frau wahrgenommen zu werden und eben nicht als Kumpel. Vielleicht kann dir deine beste Freundin oder dein bester Kumpel auch Tipps geben, weshalb du kumpelhaft erscheinst, damit du einen Ansatzpunkt hast für eine mögliche Veränderung deines Auftretens oder Verhaltens.

Also sei wieder ehrlich zu dir selbst und frage dich, wie es mit deiner Erreichbarkeit und deiner Ausstrahlung aussieht. Kann man dich finden, sehen, kennenlernen? Zeigst du dich authentisch, so wie du wirklich bist oder versuchst du ein falsches Bild von dir abzugeben? Versuche mit einer freudigen Erwartungshaltung durchs Leben zu gehen. Halte aktiv Ausschau nach deinem Seelenpartner. Sei du selbst, damit er mit dir in Resonanz gehen kann. Wenn du jemandem begegnest, sieh genau hin und vor allem spüre genau hin, wie du dich in seiner Nähe fühlst.

### Intuition

Ganz wichtig dabei ist, deiner Intuition zu folgen. Synchronizitäten entstehen in der Regel, wenn du deiner Intuition folgst. Wenn du den Impuls bekommst, zu einer Feier zu gehen, an einem Kurs teilzunehmen, dich online irgendwo anzumelden oder mal einen anderen Weg zur Arbeit zu nehmen, dann könnte das eine Chance für Synchronizitäten sein. Folge dem ersten Impuls und ignoriere die Gegenargumente deines Egos, das kurz danach dazwischenredet und dich davon abhalten will. Wo warst du bisher noch nie oder nur selten? Wo könntest du hingehen, was könntest du tun, um die Wahrscheinlichkeit des Kennenlernens zu erhöhen? Wo hält sich dein Mann entsprechend seiner Interessen auf?

Damit wir uns klar verstehen: Es geht nicht darum, dass du dich jetzt verbiegst und auf ein Heavy Metal Konzert gehst, obwohl du Klassik Fan bist. Wenn du auf dem Konzert jemanden kennenlernst und alles passt (bis auf den Musikgeschmack), dann ist das prima. Doch die Wahrscheinlichkeit ist eher gering, jemand passenden an Orten zu finden, an denen du dich nicht wohl fühlst. Falls auf deiner Wunschliste für den perfekten Seelenpartner steht, dass er eine Anti-Drogen-Einstellung haben soll, dann macht es keinen Sinn an einem Dienstagabend in eine Kneipe zu gehen, um dort nach einem Mann zu suchen. Die Wahrscheinlichkeit, dass sich dort ein rauchender, Alkohol trinkender Mann aufhält ist relativ hoch. Macht Sinn, oder? Wenn du eine Hundehaar Allergie hast, gepaart mit einer Angst vor Hunden, dann gehst du auch nicht bei einer Hundeausstellung auf Männersuche. Also überlege dir, wo dein perfekter Seelenpartner sich aufhalten könnte und gehe dorthin.

Aufgabe: Werde unberechenbar, indem du deiner Intuition folgst und öfter über deinen Schatten springst. Zeige dich an neuen Orten und suche mit neuen Leuten Kontakt, um dem Universum das Zusammentreffen mit deinem Seelenpartner zu erleichtern! Sieh und vor allem spüre genau hin, wenn du einem Mann begegnest.

*„Wer an den Spiegel tritt,
um sich zu ändern,
der hat sich schon geändert."
Seneca*

# 14 Warteschleife für Veränderungen nutzen

Wie geht es dir inzwischen mit deinen Eigenschaften, Fähigkeiten, Werten und Besonderheiten, die du aufschreiben durftest? Hast du die Zettel geschrieben und auch noch am Spiegel hängen? Gut so. Während du auf deinen Seelenpartner wartest, kannst du die Zeit sinnvoll nutzen. Beispielsweise kannst du die Punkte an dir verändern, die du am liebsten verstecken würdest. Bestimmt sind dir beim Aufschreiben deiner Besonderheiten ein paar Dinge aufgefallen, die du nicht so prickelnd findest. Vielleicht ist auch eine Eigenschaft dabei, die dir in den vergangenen Beziehungen zum Verhängnis wurde, weil sie Streit, Stress, Verletzung oder Trennung ausgelöst hat.

Sind dir im Laufe der Aufgaben einige Dinge über dich aufgefallen, auf die du nicht stolz bist oder aufgrund derer du negativ über dich denkst? Dann kannst du diese Erkenntnis für dich und deine Zukunft nutzen. Wenn du glaubst, dass diese Eigenschaften den gewünschten Traummann abschrecken oder einer glücklichen Beziehung im Weg stehen, hast du jetzt die Chance, das zu ändern.

In der Kindheit wurde dir von den Erwachsenen ein bestimmtes Verhalten antrainiert. Zusätzlich hast du dir selbst gewisse Verhaltens- und Reaktionsweisen angewöhnt. Du bist jedoch nicht mehr das abhängige Kind von damals. Du bist auch nicht mehr die gleiche Person wie noch vor 10 Jahren oder in der letzten Beziehung. Jeden Tag werden wir durch unser Umfeld ein klein wenig geprägt und verändert, ohne dass wir es merken. Diesen Prozess kannst du jetzt aktiv auf eine positive Weise für dich nutzen. Entscheide neu, wer du sein willst und wie du künftig in bestimmten Situationen reagieren möchtest, so dass es dir richtig gut geht im Leben.

**Veränderungsprozess**

Für den Veränderungsprozess kannst du folgendermaßen vorgehen:

**1. Punkte zum Verändern**

Finde alle Punkte, die du gerne an dir oder deinem Verhalten verändern möchtest und schreibe diese in dein Notizbuch oder Workbook.

**2. Absicht**

Der Veränderungsprozess beginnt wieder mit einer klaren Absichtsbekundung. Entscheide dich bewusst dafür, die entdeckte Eigenschaft zu verändern und die Person zu werden, die du sein möchtest. Gönne dir, dauerhaft glücklich zu sein - ohne diese Eigenschaft.

**3. Neues Verhalten**

Frage dich, wie du in ähnlichen Situationen stattdessen gerne reagieren möchtest oder welche Eigenschaften du stattdessen lieber leben würdest. Was wäre in einer perfekten Welt dein Verhalten oder deine Reaktion, wenn dir noch einmal so etwas passieren würde wie damals? Falls du keine optimale Verhaltensweise oder Reaktion darauf finden kannst, frage dich, wer deiner Meinung nach besser damit umgegangen wäre. Wessen Reaktion oder Antwort hättest du künftig gerne in deinem Repertoire? Falls du persönlich niemanden kennst, den du für sein Verhalten bewunderst, dann überlege welche Figur aus einem Buch oder Film souveräner als du in ähnlichen Situationen reagieren könnte.

**4. Visualisierung**

Woher auch immer deine Inspiration für dein erwünschtes Verhalten kommt, du kannst diese Gedanken und Ideen als leuchtendes Beispiel für dein neues Verhaltensrepertoire nehmen. Stelle dir in Gedanken vor, wie es sein könnte, wenn du das nächste Mal in eine ähnliche Situation kommst und dann wie dein Vorbild reagierst.

**5. Umsetzung**

Im Alltag ist es wichtig zu erkennen, wann du auf solche Situationen zusteuerst, um dann bewusst die bisherige, gewohnte Reaktion zu verhindern oder zu stoppen, falls du merkst, dass du bereits mitten drin bist. Beginne so früh wie möglich mit deinem erwünschten Verhalten. Erstmal wird es sich ganz komisch und fremd anfühlen, wenn du beginnst anders zu handeln. Es ist ja auch ganz neu und ungewohnt für dich. Doch nach mehrfacher Wiederholung wird sich dieses

Verhalten normal anfühlen. So schaffst du es, dich so zu verhalten, wie du es dir selbst wünschst.

Angenommen du warst bisher schnell eifersüchtig. Dein Misstrauen hat dich gestresst, weil du Angst hattest, belogen oder betrogen zu werden. Dies führte möglicherweise dazu, dass du das Handy deines Ex-Partners kontrollieren wolltest oder ihm Vorwürfe machtest. Vielleicht warst du besonders zickig oder hast Streit regelrecht provoziert. Egal wie sich die Eifersucht gezeigt hat, wenn du in deiner neuen Beziehung anders sein möchtest, dann entscheide dich jetzt dazu. Habe die Absicht, künftig anders zu reagieren. Frage dich, wie du in den vergangenen Situationen besser hättest handeln können. Wie möchtest du künftig reagieren, wenn etwas passiert, das dir bekannt vorkommt und früher zu Eifersucht geführt hat? Wer wäre ein leuchtendes Beispiel? Visualisiere dich selbst in einer fiktiven Situation und wie souverän du damit umgehst. Wie fühlst du dich? Was machst du? Wie wirkst du dabei auf andere? Wie verläuft die Situation bestenfalls? Jetzt musst du nur noch aufpassen, dass du nicht in dein altes Muster verfällst, wenn sich die Möglichkeit für das neue Verhaltensmuster ergibt. Also passe auf, keinen Rückfall zu bekommen. Solltest du dich bei eifersüchtigem Handeln ertappen, dann stoppe dieses sofort. Hole tief Luft und erinnere dich wieder an den ursprünglichen Plan. Beginne dich so zu verhalten, wie du es dir wünschst. Dieses neue Muster darfst du so lange üben, bis es sich als neue Gewohnheit in dir etabliert hat.

Diese neue Absicht kannst du mit Hilfe eines Stein-Rituals verstärken. Lasse die alten Gefühle und Verhaltensweisen gedanklich in einen Stein fließen. Vergrabe diesen anschließend oder wirf ihn in einen See, um das Alte loszulassen. Wenn du dein Verhalten verändern möchtest, gehe für jede Verhaltensweise die einzelnen Schritte durch bis du so bist, wie du dich haben möchtest und stolz auf dich sein kannst. Dann kannst du wirklich die Frau sein, die einen tollen Partner dauerhaft an sich binden kann.

Aufgabe: Werde zu der besten Version deiner Selbst, indem du all die Verhaltensweisen veränderst, die du an dir nicht magst und bisherige Beziehungen belastet haben.

| **WAS ICH AN MIR VERÄNDERN MÖCHTE** |
| --- |
| |

*„Erzähle mir die Vergangenheit,*
*und ich werde die Zukunft erkennen."*
*Konfuzius*

# 15 Warteschleife für Selbstliebe nutzen

Während du vertrauensvoll auf deinen Seelenpartner wartest, dankbar bist für das Kommende und darauf achtest, die Lieferung auch anzunehmen, kannst du die Zeit weiter sinnvoll nutzen.

Das Thema Selbstliebe ist groß und wichtig. Es gibt dazu viele tolle Bücher, in die du dich vertiefen kannst, falls du hier Handlungsbedarf siehst. Mir ist es ein Anliegen, dennoch kurz darauf einzugehen.

Im Grunde geht es darum, dass du dich selbst lieben musst, um auch geliebt zu werden. Wir sind also wieder beim Gesetz der Resonanz. Je mehr du dich liebst, desto mehr strahlst du genau das aus. Das zieht noch mehr vom Gefühl geliebt zu werden, in dein Leben. Doch das ist gar nicht so einfach. Je nachdem, welche Erfahrungen du in der Kindheit und später gemacht hast, fällt es dir vielleicht schwer, dich wirklich zu lieben und so anzunehmen, wie du bist. Vielleicht wurdest du als Kind nur geliebt, wenn du lieb, brav und ruhig warst, etwas für deine Eltern getan oder Leistung erbracht hast. Es gibt die verschiedensten Prägungen, die wir mit Liebe verknüpft haben.

Spüre in dich hinein, was du laut deiner Meinung tun oder unterlassen musst, um geliebt zu werden. Was denkst du, wie du sein müsstest, um dich selbst zu lieben, so wie du bist? Anschließend mache dir bewusst, dass dies oft nur die Meinung der anderen ist, die dir übergestülpt wurde. Dein Umfeld hat dich bewusst oder unbewusst auf dieses Weltbild trainiert. Die meisten Eltern haben die besten Absichten in der Erziehung ihrer Kinder. Leider sind diese Eltern bereits von ihren Eltern geprägt worden und ohne es zu merken werden Verhaltensweisen und Erziehungsformen an die eigenen Kinder weitergegeben. Was für deine Großeltern und Eltern möglicherweise gut und richtig war, muss nicht zwangsläufig die richtige Lösung für dich sein.

Die Vergangenheit kannst du nicht mehr ändern. Allerdings hast du die Macht jetzt etwas zu verändern, wenn du das möchtest. Hier und jetzt kannst du dafür sorgen, dass alte Prägungen nicht mehr wie Marionettenfäden dein Handeln bestimmen. Entscheide dich, ungute Prägungen aus der Vergangenheit jeden Tag etwas mehr loszulassen. Gleichzeitig entscheide dich dafür, dich für all die wunderbaren Eigenschaften zu lieben, die du bereits in deinem Notizbuch oder Workbook notiert hast.

### Glaubenssätze für mehr Selbstliebe

Als Unterstützung kannst du die Übungen mit den Affirmationen machen, die du in den vorherigen Kapiteln bereits kennengelernt hast. Zusätzlich kannst du deinen Bildschirm-Schoner am PC oder dein Hintergrundbild auf dem Handy verändern. Lass dort einen Schriftzug anzeigen mit einem Satz, den du für die Veränderung brauchst. Was möchtest du künftig gerne spüren und als wahr in dein Unterbewusstsein aufnehmen?

Das kann zum Beispiel sein:

„Ich bin gut genug."

„Ich bin liebenswert."

„Ich bin genau richtig, so wie ich bin."

„Ich liebe mich bedingungslos."

„Ich liebe mich und meinen Körper."

Wenn du möchtest, schreibe diese Sätze mit Lippenstift auf deinen Badezimmerspiegel oder befestige Zettel mit den Sätzen überall in der Wohnung, damit du sie immer wieder siehst und wiederholen kannst.

### Inneres Kind visualisieren

Falls du gut im Visualisieren bist, kannst du zusätzlich eine heilsame Übung mit deinem sogenannten inneren Kind machen. Wenn du dich heute nicht genug liebst, war in deiner Kindheit mit Sicherheit ein traumatisches Erlebnis, das dich glauben lässt, nicht liebenswert zu sein. Ohne zu wissen, was genau passiert ist, kannst du dir jetzt die Liebe geben, die du damals benötigt hättest.

Setz dich dafür bequem hin und habe die Absicht, vor deinem inneren Auge ein Bild von dir als kleines Kind erscheinen zu lassen. Stelle dir vor, wie du in Gedanken dieses Kind ganz fest in den Arm nimmst und es liebkost. Mehr braucht es oft gar nicht. Dein inneres, verletztes Kind will einfach nur bedingungslos geliebt werden. Als Erwachsene kannst du das jetzt immer mal wieder für dein inneres Kind tun, bis die Wunden von damals sich allmählich schließen. Sage ihm in Gedanken all das, was du vielleicht in solchen Momenten der Traurigkeit gerne von deinen Eltern gehört hättest.

Wenn du geübter bist, Kontakt mit deinem inneren Kind aufzunehmen, kannst du auch in Gedanken mit ihm sprechen. Frage es, warum es glaubt, nicht liebenswert zu sein. Frage es, was es braucht, um sich geliebt zu fühlen. Vielleicht empfängst du einen Impuls und kannst dir genau das jetzt geben. Niemand weiß besser, was du brauchst, als du selbst.

Aufgabe: Sei stolz auf dich! Liebe dich, wie du bist und noch sein wirst. Lebe die Selbstliebe, gehe liebevoll mit dir und deinem inneren Kind um. Bringe liebevolle Glaubenssätze in dein Unterbewusstsein ein und mache sie auch in der Wohnung sichtbar. Welche Sätze brauchst du auf deiner inneren Festplatte, um dich selbst lieben zu können?

| **GLAUBENSSÄTZE FÜR MEINE SELBSTLIEBE** |
| --- |
| |

*„Wirf deine Gedanken wie Herbstblätter*
*in einen blauen Fluss, schau zu,*
*wie sie hineinfallen und davontreiben,*
*und dann vergiss sie."*
*Zen-Weisheit*

## 16 Warteschleife zum Prägung auflösen nutzen

Als Kind nehmen wir unbewusst alles um uns herum auf, so wie ein Schwamm. Wir beobachten, wie Mama und Papa miteinander umgehen. Deren Verhalten und Umgangston prägt sich bei uns ein. Später denken wir, dass Beziehung genau so funktioniert. Wir lernen von der Mutter die Frauenrolle und vom Vater, was Mann-Sein bedeutet. Glückwunsch, wenn dir das Herz aufgeht, sobald du an die Beziehung deiner Eltern denkst. Wenn du das Gefühl hast, dass deine Eltern ein eher schlechtes Beziehungsvorbild waren, sie viel gestritten haben, sich nicht auf Augenhöhe begegnet sind, Abhängigkeiten oder Gewalt vorhanden waren, wird es Zeit, sich davon zu lösen.

Davon abgesehen, dass wir uns sozusagen den Prototyp für Beziehung unbewusst von den Eltern kopieren, können in einem Familiensystem noch andere unbewusste Mechanismen eine Rolle spielen.

Wenn du als Kind z.B. den Vater als den schwächeren Part in der Beziehung wahrgenommen hast, kann es jetzt sein, dass du dir schwächere, unterlegene oder hilfsbedürftige Männer suchst, um sie zu retten. Unbewusst versuchst du mit diesem Rettungsversuch den Vater zu retten.

Für den Fall, dass du die Mutter als Opfer wahrgenommen hast, vielleicht weil der Vater sie geschlagen oder betrogen hat, kann das ebenfalls eine unbewusste Dynamik auslösen. Vielleicht verbindest du dich unbewusst mit der Mutter, nimmst ihre Rolle ein und ziehst einen Fremdgeher nach dem anderen in dein Leben. So hast du das Gefühl, der Mutter ähnlich zu sein und ihr schweres Schicksal mit ihr zu teilen. In den eigenen Beziehungen versuchst du dann, einen Lösungsweg aus dieser Misere zu finden - für dich und die Mutter.

Solche Dynamiken können auch aus Solidarität zu den Großeltern entstehen. Möglicherweise ähnelt dein Leben dem Schicksal der Großmutter, die der großen Liebe hinterher trauerte. Oder du bleibst wie sie alleine nach dem Verlust eines Partners.

So gibt es neben diesen Beispielen noch viele weitere Möglichkeiten, wie du in deinem Familiensystem verstrickt sein kannst, ohne es zu wissen. Dies in Eigenregie aufzulösen ist leider sehr schwierig und würde den Rahmen des Buches sprengen. Für genau diese Probleme eignen sich systemische Familienaufstellungen hervorragend. Vielleicht erkennst du ja Parallelen zu Eltern oder Großeltern und möchtest diese irgendwann im Rahmen einer Aufstellung auflösen. Den Heilungsprozess kannst du aber jetzt bereits starten.

### Visualisierung, um sich aus den Problemen der Eltern zu lösen

Um dich aus dem Rollenmodell der Eltern zu lösen, biete ich dir hier eine Möglichkeit an. Die folgende Visualisierung kann dir helfen, dich von der Prägung der Beziehung deiner Eltern zu lösen. Damit wirst du frei für eigene, andere Erfahrungen.

Schließe dafür deine Augen und stelle dir deine Eltern in Gedanken vor. Dabei spielt es keine Rolle, ob die Eltern noch leben oder bereits verstorben sind. Du musst sie auch nicht bildlich sehen können, es reicht die Absicht, jetzt zu ihren Seelen zu sprechen. Dann sprich den folgenden Text oder einen für dich stimmigen Wortlaut zu deinen Eltern. Am effektivsten ist es, wenn du die Worte laut aussprichst und nicht nur in Gedanken sagst.

Diesen folgenden Text kannst du dir mehrfach laut vorlesen und ihn gedanklich an deine Eltern richten. Wenn einige Passagen davon nicht auf dich, deine Kindheit und deine Eltern passen, dann verändere sie so, dass sie stimmig sind. Sehr wichtig dabei ist, nicht in die Verurteilung zu gehen, denn sonst kannst du dich nicht aus dem Drama der Eltern lösen, sondern bleibst darin gefangen und neigst zu Wiederholungen.

*„Danke Mama, danke Papa, für alles, was ihr für mich getan habt. Vieles davon hat mir geholfen zu der Person zu werden, die ich heute bin.*

*Manches hätte ich mir als Kind anders gewünscht.*

*Aber ich sehe heute, dass ihr damals nicht anders handeln konntet, aufgrund eurer eigenen Probleme.*

*Als Kind wart ihr meine Vorbilder und ich habe die Art eurer Beziehung als Vorbild für das Zusammensein von Mann und Frau genommen.*

*Für euch mag die Art und Weise, wie ihr miteinander umgegangen seid, gut und richtig gewesen sein.*

*Aber für mich ist es nicht stimmig.*

*Ich wünsche mir für mein Leben etwas anderes, um glücklich sein zu können.*

*Daher gebe ich jetzt alles an euch zurück, was ich unbewusst von euch übernommen habe oder für euch trage.*

*Es gehört zu euch und in euren Zuständigkeitsbereich.*

*Ihr seid die Großen und ich bin die Kleine.*

*Aus euren Beziehungsproblemen halte ich mich jetzt heraus.*

*Ich stimme der Art und Weise zu, wie ihr miteinander umgegangen seid, auch wenn mir das bisher noch schwerfiel.*

*Bitte schaut freundlich auf mich, wenn ich ab jetzt eine andere Partnerschaft lebe als ihr es getan habt und ich von meinem Partner geliebt und geachtet werde, auch falls das bei euch nicht der Fall war.*

*Ich bleibe liebevoll als Kind mit euch verbunden, aber eure Probleme lasse ich bei euch."*

Aufgabe: Visualisierung mit Mutter und Vater machen und frei werden von den Prägungen der Eltern in Bezug auf Beziehung.

**„Danke Mama, danke Papa, für alles was ihr für mich getan habt.**

**Vieles davon hat mir geholfen zu der Person zu werden, die ich heute bin.**

**Manches hätte ich mir als Kind anders gewünscht.**

**Aber ich sehe heute, dass ihr damals nicht anders handeln konntet, aufgrund eurer eigenen Probleme.**

**Als Kind wart ihr meine Vorbilder und ich habe die Art eurer Beziehung als Vorbild für das Zusammensein von Mann und Frau genommen.**

**Für euch mag die Art und Weise, wie ihr miteinander umgegangen seid, gut und richtig gewesen sein.**

**Aber für mich ist es nicht stimmig.**

**Ich wünsche mir für mein Leben etwas anderes, um glücklich sein zu können.**

**Daher gebe ich jetzt alles an euch zurück, was ich unbewusst von euch übernommen habe oder für euch trage.**

**Es gehört zu euch und in euren Zuständigkeitsbereich.**

**Ihr seid die Großen und ich bin die Kleine.**

**Aus euren Beziehungsproblemen halte ich mich jetzt heraus.**

**Ich stimme der Art und Weise zu, wie ihr miteinander umgegangen seid, auch wenn mir das bisher noch schwerfiel.**

**Bitte schaut freundlich auf mich, wenn ich ab jetzt eine andere Partnerschaft lebe als ihr es getan habt und ich von meinem Partner geliebt und geachtet werde, auch falls das bei euch nicht der Fall war.**

**Ich bleibe liebevoll als Kind mit euch verbunden, aber eure Probleme lasse ich bei euch.“**

*„Was du liebst, lass frei.*
*Kommt es zurück, gehört es dir – für immer."*
*Konfuzius*

# 17 Warteschleife zum Ex-Partner loslassen nutzen

Hast du im vorherigen Kapitel Parallelen zwischen der Beziehung deiner Eltern bzw. dem Verhalten von Mutter oder Vater im Vergleich zu dir und deinen Ex-Partnern erkennen können? So wie Erlebnisse aus der Kindheit uns beeinflussen, hinterlassen auch eigene Erfahrungen Spuren in unserer Seele.

Gehen wir mit jemandem in Beziehung, dann öffnen wir uns sowohl körperlich als auch energetisch für ihn. In diesem Moment sind wir viel verletzlicher, als wenn wir uns abgrenzen und auf Abstand bleiben. Doch für eine innige Beziehung ist es notwendig, sich zu öffnen. Nur dann kann dich der andere wahrnehmen und spüren. Nur so entsteht wahre Resonanz und Nähe, die die Basis für Liebe und eine gute Partnerschaft ist.

Befreie dich jetzt von den Schatten alter Beziehungen und Ex-Partner. Dafür stelle ich dir verschiedene Methoden vor. Du kannst alle, oder die für dich stimmigen Methoden nutzen, um dich von deinen Ex-Partnern zu lösen.

Auch wenn durch jeden sexuellen Kontakt eine energetische Bindung entsteht, sind es in erster Linie die Herzensverbindungen, die uns bei späteren Beziehungen im Wege stehen. Daher konzentrieren wir uns auf diese Herzensverbindungen, auf die für dich wichtigen Ex-Partner.

Um die Intensität der Rituale zu verstärken, solltest du sie für jeden einzelnen Ex-Partner separat machen. So kannst du dich ganz auf ihn, seine Energie und das, was er in dir ausgelöst hat, konzentrieren.

## Vergebung

Um mit einer alten Beziehung wirklich abschließen zu können, ist es wichtig, dass innerer Friede einkehrt. Dieser stellt sich jedoch erst ein, wenn nichts mehr zwischen den zwei Personen steht, sprich wenn man vergeben hat für das, was war.

Doch was bedeutet Vergeben eigentlich? Wenn du vergibst, dann lässt du den Wunsch nach Wiedergutmachung los. Eine Wiedergutmachung kann im positiven Sinne in Form z.B. einer Entschuldigung oder Wertschätzung gefordert werden. Sie kann aber auch im negativen Sinne gelebt werden, in Form von Rache oder indem man nachtragend ist.

Wenn du einem anderen noch böse bist und nicht vergeben willst, dann gönnst du dem anderen diese Vergebung nicht. Du möchtest ihn weiter bestrafen, indem du leidest. Das ist so, als würdest du selbst Gift trinken in der Hoffnung, dass der andere daran stirbt. Es macht also wirklich keinen Sinn sich selbst diese negativen Gefühle zuzumuten, um den anderen vermeintlich zu bestrafen oder ihm Schuldgefühle zu machen. Dein Ex-Partner lebt sein Leben vermutlich unbelastet weiter, egal wie sehr du leidest oder ihm böse bleibst.

Tust du dir noch schwer deinem Ex-Partner zu vergeben, weil er dich enttäuscht, verlassen, belogen, betrogen, ignoriert, missachtet oder missbraucht hat? In dem Fall mache dir zunächst bewusst, dass du mit dem Festhalten an alten Geschichten und Situationen in erster Linie dir selbst schadest. Du blockierst dich für eine glückliche Zukunft. Deinen Ex-Partner interessiert es vermutlich nicht einmal, falls er überhaupt davon weiß. Außerdem hast du auf Seelenebene allen Erlebnissen zugestimmt. Du hast dies alles also möglicherweise mit kreiert, um Vergebung zu lernen. Sobald du eine Seelenaufgabe gelernt hast, müssen sich solche Situationen nicht mehr wiederholen.

Der erste Schritt zum Vergeben ist wieder die Absichtsbekundung. Triff eine klare Entscheidung für dich, dein Glück und damit die Entscheidung, dem Ex-Partner und der alten Beziehung keine Macht mehr über dein Leben zu geben. Erst dann kannst du wirklich loslassen und vergeben.

Das Vergeben muss sich auch nicht nur auf den Ex-Partner beziehen, sondern sollte auch dich selbst mit einbeziehen. Wenn du dein Leben von einer höheren Warte aus betrachtest, dann hat deine Seele sich bewusst dazu entschieden, diesen Menschen in dein Leben zu ziehen und die gemeinsamen Erfahrungen zu machen, gute wie schlechte. Du solltest ihm somit vergeben für das, was er dir angetan hat. Gleichzeitig vergib dir selbst dafür, dass du mitgemacht und diesen Erfahrungen zugestimmt hast.

Das muss nicht auf einmal passieren. Es kann ein Prozess sein, den du regelmäßig wiederholst und mit jedem Mal freier und leichter wirst von den Altlasten und Einschränkungen der alten Beziehung. Um loszulassen und zu vergeben gibt es viele Möglichkeiten. Du musst für dich herausfinden, was bei dir am besten funktioniert. Ich stelle dir hier ein paar Möglichkeiten vor.

### Vergebung mit Ho'oponopono

Dieses hawaiianische Vergebungsritual erfreut sich seit Jahren großer Beliebtheit, weil es schön einfach und doch wirkungsvoll ist. Es besteht aus den folgenden vier einfachen Sätzen, die du dir wie Mantren immer wieder laut sagen kannst, während du an den Ex-Partner und Eure gemeinsame Zeit bzw. die Trennung denkst.

***„Es tut mir leid.***

***Bitte vergib mir.***

***Danke.***

***Ich liebe dich.“***

### Vergebungsritual

Falls dir die Sätze des Ho'oponopono zu kurz oder nicht stimmig genug sind, habe ich hier einen sehr wirkungsvollen Text. Du kannst diesen, wie zuvor bei deinen Eltern, in Form einer Visualisierung nutzen. In diesem Text geht es nicht nur um die Vergebung der Vergangenheit, sondern es erfolgt auch gleichzeitig eine Loslösung und Trennung.

Stelle dir dafür den Ex-Partner in Gedanken vor und sprich am besten laut die folgenden Sätze zu ihm.

***„Ich vergebe dir für alle bewussten und unbewussten Verletzungen, die du mir zugefügt hast.***

***Bitte vergib auch du mir für alle Verletzungen, die ich dir wissentlich oder unwissentlich zugefügt habe.***

***Ich erlaube mir vollständige und komplette Vergebung.***

***Ich bin frei von dir und dieser Energie, und ich gebe dich frei.***

***Ich trenne alles, was uns noch verbindet. Vor allem trenne ich die emotionalen Verbindungen zwischen uns und unseren Chakren.***

***Was du getan oder unterlassen hast, hat keinen Einfluss mehr auf meine Zukunft. Ich bin kein Opfer mehr, denn ich nehme mir jetzt meine Macht und Freiheit zurück.***

***Ich vergebe dir und mir für das, was wir auf Seelenebene vereinbart und hier gelebt haben. Ich akzeptiere, dass alles zwischen uns in Ordnung ist.***

***Ich lasse dich, sowie alle Hoffnungen und Erwartungen in dich und eine gemeinsame Zukunft, jetzt endgültig los.***

***Ich öffne mich für eine glückliche Beziehung mit meinem Seelenpartner.***

***Ich bin frei und du bist jetzt frei.“***

Auch diesen Text kannst du so anpassen, wie er für dich stimmig ist. Zusätzlich kannst du ein Feuerritual machen, denn Feuer transformiert und löst Energien auf. Dafür schreibe diesen Text auf einen Zettel und verbrenne diesen im Anschluss. Mache dir dabei bewusst, dass nun alle Verbindungen getrennt sind und du frei bist für die wahre Liebe. Achte darauf, dass der Zettel auch wirklich komplett verbrennt und nichts davon übrigbleibt.

### Gebundene Energien auflösen

Ein weiterer, sehr wichtiger Punkt beim Loslassen des Ex-Partners sind sogenannte gebundene Energien,

### Entscheidung

Im Rausch der Hormone neigt man zu Beginn einer Partnerschaft dazu, alles mit der rosaroten Brille zu sehen. Dies führt öfter als gedacht dazu, dass man gewisse Entscheidungen trifft oder Versprechen abgibt, die einen später unfrei sein lassen. Diese wirken noch weiter im Unterbewusstsein, selbst wenn du dich nicht mehr an sie erinnern kannst.

Hattest du damals z.B. das Gefühl, dass dieser Mann genau der Richtige ist, könntest du eine kraftvolle Entscheidung getroffen haben, wie „Das ist mein

Mann fürs Leben." oder „Das ist der einzig Richtige für mich." oder „Ich werden ihn nie im Stich lassen." oder „Den nimmt mir niemand mehr weg."

Na, dämmert es bei dir? Kommen dir ein paar Situationen in den Sinn, wo du solche oder ähnliche Entscheidungen getroffen hast? Dann notiere sie dir so genau wie möglich in deinem Notizbuch oder Workbook, damit du sie nicht vergisst und im Anschluss auflösen kannst.

### Versprechen

Noch kräftiger und somit auch bindender als Entscheidungen sind unsere Versprechen. Wir können uns selbst ein Versprechen geben oder jemand anderem.

Überlege, ob du Versprechen abgegeben hast wie „Ich werde dir treu sein." oder „Ich lass dich niemals im Stich." oder „Ich werde dich bei allem unterstützen." oder „Ich werde besser für dich sorgen als deine Mutter."

Sollten dir solche oder ähnliche Versprechen einfallen, dann notiere sie ebenfalls in deinem Notizbuch oder Workbook, damit du sie gleich auflösen kannst.

### Ehegelübde

Noch bindender und damit einschränkender ist ein Ehegelübde, da es vor Zeugen mit einer offiziell verpflichtenden Absicht gegeben wurde. Um wirklich ganz frei zu sein für eine neue Beziehung, sollte ein altes Ehegelübde nach der Scheidung zusätzlich energetisch aufgelöst werden.

Nimm also dein Notizbuch oder Workbook mit all den geleisteten Entscheidungen, Versprechen und Ehegelübden aller vergangenen Herzensbeziehungen zur Hand, damit du diese jetzt auflösen kannst.

Als du diese Entscheidungen, Versprechen und Gelübde geschaffen hast, warst du in einem emotional kraftvollen Stadium. Du hast es wirklich zu 100 % so gemeint. Um diese Energien zu entkräften und aufzulösen, musst du jetzt eine ähnliche Kraft und Absicht aufbieten. Mache dir dafür bewusst, dass dich diese alten Energien davon abhalten, dich ganz auf eine neue Beziehung einzulassen oder bisherige Beziehungen dadurch sabotiert wurden. Wenn du innerlich bereit bist einen Schlussstrich unter das Alte zu ziehen, kann es losgehen.

Zum Auflösen der gebundenen Energien gebe ich dir eine kraftvolle Absichtsbekundung. In diese Absichtsbekundung füge deine individuelle Entscheidung, dein Versprechen oder Ehegelübde ein, so detailliert wie du dich daran erinnern kannst.

Hast du beispielsweise deinem Ex-Partner Klaus versprochen, ihm für immer treu zu sein? Dieses Versprechen kann dich bisher unbewusst davon abgehalten haben, dich auf eine neue Beziehung einzulassen, weil du ihm weiterhin treu sein willst, so wie versprochen. Dieses Versprechen löst du mit folgender Absichtserklärung auf:

„Mit Hilfe der Geistigen Welt löse ich hier und jetzt mein Versprechen an Klaus, ihm immer treu zu sein, endgültig auf. Ich bin ab sofort frei davon. Das Versprechen ist jetzt komplett aufgelöst und hat keinerlei Wirkung mehr auf mich und mein Leben."

Du setzt somit den Inhalt deiner individuellen Entscheidung bzw. deines Versprechens oder Ehegelübdes in die Lücke des Satzes ein.

In dieser Form solltest du den Satz dreimal laut und kraftvoll aussprechen. Am besten machst du anschließend wieder ein Feuerritual, indem du den Zettel mit dem handgeschriebenen Satz darauf verbrennst.

Hier noch einmal der Text, damit du ihn dir in dein Notizbuch oder Workbook übertragen kannst:

***„Mit Hilfe der Geistigen Welt löse ich hier und jetzt meine Entscheidung / mein Versprechen / mein Ehegelübde***

________________________________________

*(fülle hier deine Entscheidung, Versprechen oder Ehegelübde ein)*

***endgültig auf. Ich bin ab sofort frei davon. Die Entscheidung/ Das Versprechen / Das Ehegelübde ist jetzt komplett aufgelöst und hat keinerlei Wirkung mehr auf mich und mein Leben."***

Aufgabe: Frei werden von energetischen Einschränkungen durch Ex-Partner. Vergebungsritual praktizieren. Visualisierung mit Ex-Partnern machen. Gebundene Energien auflösen mit kraftvollem Satz.

**„Es tut mir leid. - Bitte vergib mir. - Danke. - Ich liebe dich.“**

**„Mit Hilfe der Geistigen Welt löse ich hier und jetzt meine Entscheidung / mein Versprechen / mein Ehegelübde**

________________________________________

(fülle hier deine Entscheidung, Versprechen oder Ehegelübde ein)

**endgültig auf. Ich bin ab sofort frei davon. Die Entscheidung/ Das Versprechen / Das Ehegelübde ist jetzt komplett aufgelöst und hat keinerlei Wirkung mehr auf mich und mein Leben.“**

**„Ich vergebe dir für alle bewussten und unbewussten Verletzungen, die du mir zugefügt hast. Bitte vergib auch du mir für alle Verletzungen, die ich dir wissentlich oder unwissentlich zugefügt habe.**

**Ich erlaube mir vollständige und komplette Vergebung. Ich bin frei von dir und dieser Energie, und ich gebe dich frei.**

**Ich trenne alles, was uns noch verbindet. Vor allem trenne ich die emotionalen Verbindungen zwischen uns und unseren Chakren.**

**Was du getan oder unterlassen hast, hat keinen Einfluss mehr auf meine Zukunft. Ich bin kein Opfer mehr, denn ich nehme mir jetzt meine Macht und Freiheit zurück.**

**Ich vergebe dir und mir für das, was wir auf Seelenebene vereinbart und hier gelebt haben. Ich akzeptiere, dass alles zwischen uns in Ordnung ist. Ich lasse dich, sowie alle Hoffnungen und Erwartungen in dich und eine gemeinsame Zukunft, jetzt endgültig los.**

**Ich öffne mich für eine glückliche Beziehung mit meinem Seelenpartner. Ich bin frei und du bist jetzt frei.“**

*„Der Mensch ist gerade so glücklich,
wie er sich zu sein entschließt."
Abraham Lincoln*

# 18 Spirituelle Glücks-Verhinderer

In spirituellen Kreisen erfreuen sich Bücher über Dualseelen und Seelenpartner großer Beliebtheit. Das beweist die starke Sehnsucht der Menschen nach einer liebevollen Beziehung, in der man sich verbunden und bedingungslos geliebt fühlt. Leider sind manche dieser Konzepte die beste Anleitung zum Unglücklichsein bzw. Leben als Single, wenn man sie falsch anwendet oder falsch deutet. Damit du diesen Fehler nicht machst, erkläre ich dir, wie du das verhindern kannst.

## Dualseelen

Von einer Dualseele spricht man, wenn sich eine Seele auf zwei Körper verteilt. Man geht davon aus, dass sich zwei Menschen die gleiche Seele teilen. Sobald diese zwei Menschen als Paar vereint sind, ist die Seele wieder eins und alles ist perfekt.

Manche wollen sich daher nicht mit dem perfekten Partner oder Seelenpartner zufriedengeben, sondern unbedingt die Dualseele als Partner haben. Diese Absicht kann eine glückliche Partnerschaft nicht nur hinauszögern, sondern unmöglich machen. In der perfekten Vorstellung sind die zwei Teile einer Seele gleichzeitig in gegengeschlechtlichen Körpern inkarniert, welche fast das gleiche Alter haben. Im passenden Land und im richtigen Moment laufen sie sich über den Weg, verlieben sich ineinander und leben glücklich bis ans Ende ihres Lebens.

Wenn du wirklich deiner Dualseele begegnest, ist da vermutlich eine ganz einzigartige, tiefe Liebe. Doch auf der Erde, in der Dualität, müssen noch ganz viele andere Dinge passen, um gemeinsam glücklich sein zu können. Die Liebe alleine reicht auf Dauer in der Regel nicht aus. Die meisten fühlen sich am wohlsten mit Menschen, die zu ihnen passen. Doch die Dualseele würde in allem genau das

Gegenteil von dir verkörpern. Kannst du dir vorstellen, wie viele Kompromisse du täglich eingehen müsstest?

Was denkst du, wie oft sich Dualseelen ineinander verlieben? Wie oft passiert es, dass genau diese zwei Menschen sich begegnen, bevor sie sich in jemand anderes verliebt, geheiratet oder Kinder bekommen haben? Die Liebe zu deren aktuellen Partnern kann natürlich verblassen. Geschieden ist man relativ schnell und um die Kinder kann man sich noch kümmern, wenn man mit der Dualseele zusammen ist. Aber wie viele Menschen entscheiden sich aus den verschiedensten Gründen in einer unglücklichen Lebenssituation zu verbleiben, aus Angst vor den Folgen der Veränderung oder Pflichtgefühl? Also selbst wenn der unglaublich seltene Fall eingetreten ist, dass deine Dualseele im richtigen Geschlecht zur richtigen Zeit geboren wurde und dir tatsächlich begegnet, heißt das noch nicht, dass sie sich auch für eine Beziehung mit dir entscheidet. Wir sind auf dem Planeten des freien Willens und unser Ego mit all seinen Prägungen hat großen Einfluss auf unsere Entscheidungen.

Gesetzt den Fall, diese enorme Anziehungskraft zwischen euch führt tatsächlich zu einer gemeinsamen Beziehung, warum denkst du, dass diese glücklich sein muss? Jede Partnerschaft bringt ihre Herausforderungen mit sich. Was die meisten jedoch auszublenden versuchen ist, dass es bei Dualseelen um ein Vielfaches heftiger werden kann. Deine Dualseele repräsentiert genau das Gegenteil von dir. Solch eine Gegensätzlichkeit bringt oft Schwung in die Beziehung, es ist das Salz in der Suppe. Aber hast du schon einmal eine total versalzene Suppe gegessen? Eine Beziehung mit jemandem, der komplett anders ist als man selbst, stellt eine tägliche Herausforderung an die Toleranz beider dar. Kannst du jemanden wirklich akzeptieren wie er ist, auch wenn er zu allem eine komplett andere Meinung hat als du und alles anders angeht?

Als wäre das nicht genug, mache dir bitte auch bewusst, dass es einen Grund dafür gibt, wenn du wirklich auf deine Dualseele triffst. Vielleicht hast du schon einmal davon gehört, dass andere dir für deine eigenen Themen wie ein Spiegel dienen. Deine Dualseele würde der Spiegel mit 10-fach Vergrößerung sein! Sie käme in dein Leben, um dir deine Schattenanteile zu spiegeln. Das ist im Alltag zwar lehrreich, aber alles andere als lustig. Solltest du zu den Menschen gehören, deren Seele sich für diese Inkarnation solch eine Lektion zum Lernen ausgesucht hat, dann wirst du vermutlich deiner Dualseele begegnen und wenig Wahlmöglichkeiten haben, da eure Seele das so geplant hat. Alle anderen können froh sein, wenn ihnen diese heftige spirituelle Lektion erspart bleibt und sie ihre Wachstumsschritte auf einfacherem Weg mit einem Seelenpartner machen dürfen.

## Seelenverwandte

Ähnlich wie bei den Dualseelen geht man auch beim Seelenverwandten von einer engen, spirituellen Verbindung zwischen den Seelen aus. Die Hoffnung auf eine intensive, tiefgehende Beziehung mit einem Seelenpartner ist durchaus berechtigt. Gefährlich wird diese Hoffnung nur, wenn du davon ausgehst, dass es nur einen einzigen Seelenpartner für dich gibt. Wenn du allerdings weißt, dass deine Seelenfamilie aus hunderten von Seelen besteht und du zu allen eine tiefe Verbindung hast, kannst du dich entspannen. Es gibt mehr als eine Seele da draußen, mit der du diese innige Verbindung spüren und leben kannst. Von diesen vielen Seelenverwandten sind gleichzeitig mit dir ganz viele inkarniert und mit vielen hast du Absprachen getroffen. Vielleicht trefft ihr euch in verschiedenen Lebenssituationen, um euch gegenseitig zu unterstützen oder miteinander wichtige Lektionen zu lernen.

Wenn du eine Beziehung mit einer Seele aus deiner Seelenfamilie eingehst, hast du das tiefe Verbundenheitsgefühl, eine Wiedererkennung und Vertraulichkeit, auf die ihr euer Glück aufbauen könnt. Mit einem Seelenverwandten wirst du schnell die tiefe Liebe spüren können. Das Schöne daran ist, dass es so viele Seelenverwandte gibt, mit denen dies so ist. Jede Seele ist anders und was du mit der einen leben kannst, wird mit der anderen vielleicht schwierig, doch die Vertrautheit und Verbundenheit kannst du mit allen spüren.

Es ist also wahrscheinlich, dass du bereits dem einen oder anderen Seelenverwandten begegnet bist. Jede Seele hat aber ihre Pläne für diese Inkarnation. Daher bedeutet ein Treffen nicht zwangsläufig, dass trotz eurer starken Verbindung eine Liebesbeziehung entstehen soll. Genau hier wird es nämlich für viele problematisch. In dem Moment, in dem man eine noch nie erlebte Verbundenheit spürt, geht man in der Regel davon aus, dass das ein Zeichen ist, dass der Andere der Richtige ist. Um dich nicht zu verrennen, mache dir also bewusst, dass die Seelen sich aus anderen Gründen abgesprochen und getroffen haben können. Möglicherweise wollten sie einfach nur sicherstellen, dass es dem Anderen gut geht. Vielleicht haben sie sich auch für eine gegenseitige Lernaufgabe verabredet, um aneinander zu wachsen in ihrer Entwicklung.

Solltest du dich fragen, ob ein wichtiger Mensch in deinem Leben zu deiner Seelenfamilie gehört und wie eure Verbindung ist, habe ich einen Tipp für dich. Wenn du an die andere Person denkst, versuche in dich hinein zu spüren, welche Gefühle der andere in dir auslöst. Versuche zu erspüren, in welchen Konstellationen ihr vielleicht schon in früheren Inkarnationen zusammengelebt habt. Diese wirken oft nach und sind jetzt noch spürbar. Fühle in dich hinein und frage dich, ob ihr innerlich auf Augenhöhe seid oder ob sich einer von euch größer anfühlt als der andere. Dies kann Aufschluss darüber geben, ob ihr früher auf einer Hierarchie-Ebene wart, wie ein Paar oder Geschwister. Wenn einer von euch größer ist, versuche zu erspüren, welche Rollen ihr damals hattet. War einer von euch Vater oder Mutter und der andere das Kind? Oder war einer von euch der Vorgesetzte, Lehrer oder Mentor des anderen?

Diese Erinnerungen an alte Rollen können eine heutige Beziehung stark belasten, wenn sie nicht geklärt werden. Heidi hatte genau damit zu kämpfen. Sie war verliebt in einen verheirateten Mann und hat alles für ihn getan. Sie hat ihre eigenen Bedürfnisse weitestgehend unterdrückt, um es ihm leichter zu machen und ihn nicht unter Druck zu setzen. Wenn er Sorgen hatte, war sie seine Anlaufstelle, um sich auszuheulen, auszuruhen und sich eine Auszeit zu nehmen. Danach hat er sein Leben mit Frau und Kind weitergelebt, bis er wieder von Heidi aufgepäppelt werden wollte. Im Rahmen einer Familienaufstellung konnten wir sehen, dass sie in einem früheren Leben seine Mutter war. Genau diese bedingungslose Liebe der Mutter zu ihrem Kind, hat sie dem Mann auch jetzt gegeben. Doch jetzt hatte sie auch Bedürfnisse als Frau und wäre am liebsten seine offizielle Partnerin gewesen. Eine Beziehung auf Augenhöhe war durch die noch stark wirkenden Rollen von früher nicht möglich. Er hatte auch keinen Grund, etwas an seiner Situation zu verändern, hatte er doch eine Frau und zusätzlich in Heidi eine fürsorgliche Mutter. Trotz der engen Verbindung hat er sich entschieden bei seiner Familie zu bleiben.

Spirituelle Verbindungen können uns in unserer Wahrnehmung der aktuellen Ist-Zustände also leicht täuschen. Doch natürlich ist es auch möglich, dass eine alte Liebesgeschichte fortgesetzt werden soll. Im Rahmen einer Rückführung wollte Christian unter anderem zu genau dem Leben zurückgeführt werden, in dem er die große Liebe gelebt hat. Zu unserer beider Erstaunen fand er sich in einem Leben in den Bergen wieder, wo er abseits von jeglicher Zivilisation mit seiner jetzigen Ehefrau ein glückliches Leben verbrachte. Offensichtlich haben sich deren Seelen in diesem Leben nochmals für eine Beziehung abgesprochen, um einen Teil ihres Lebens zusammen zu verbringen.

Seelenverwandte haben daher ein großes Potential für eine tiefe, liebevolle Verbindung. Manchmal ist es nur nötig, die Überlagerungen aus früheren Inkarnationen aufzulösen, damit diese nicht wie ein Schatten über der jetzigen Beziehung liegen. Sollten eure Seelenpläne keine gemeinsame Partnerschaft vorgesehen haben, weißt du zumindest, dass es da draußen noch viel mehr Seelenverwandte gibt, mit denen du das Potential einer glücklichen, einzigartigen Beziehung hast.

Merke dir also: Das Schöne an Seelenverwandten ist, dass diese Familie so unglaublich groß ist. Die Chance, solch einen Seelenverwandten zu treffen und eine glückliche Beziehung mit ihm zu leben, ist realistisch.

Das Tolle ist, dass du dich nicht darauf verlassen musst, um in einer glücklichen Partnerschaft zu landen. Wenn du die Aufgaben und Übungen auf den vorherigen Seiten gemacht hast, kannst du einen Seelenverwandten oder jemanden aus einer anderen Seelenfamilie anziehen und mit ihm glücklich sein. Es spielt überhaupt keine Rolle, denn tiefe, innige Liebe ist auch über die Familiengrenzen hinaus möglich.

Also tue dir selbst einen Gefallen und schränke dich nicht unnötig ein. Programmiere dir die perfekte Zukunft und wenn dir die ganz enge Seelenverwandtschaft sehr wichtig ist, dann nimm sie als Zusatz mit auf in deine Absicht. Dieser Zusatz könnte so aussehen:

***„Ich habe die Absicht den perfekten Partner in mein Leben zu ziehen, am liebsten einen Seelenverwandten."***

Zum Thema Dualseelen und Seelenverwandte habe ich daher folgende Tipps für dich:

1. Löse dich von der Erwartungshaltung, deine Dualseele finden zu müssen. Andernfalls wartest du am Ende ein Leben lang einsam und traurig auf den Einen, mit dem du endlich glücklich sein kannst, ohne ihn zu finden. Oder du findest ihn im Körper eines kleinen Kindes oder einer alten Frau, so dass es dir für eine Beziehung auch nichts nützt.

2. Löse dich von der Vorstellung, dass es nur den einen richtigen Seelenpartner für dich gibt, sonst schränkst du dich genauso ein wie beim Warten auf die Dualseele. Mache dir bewusst, dass viele Seelenverwandte von dir ein Potential als dein Seelenpartner haben.

3. Löse dich von der Erwartung, dass ein Seelenverwandter, den du gerade getroffen hast, auch der richtige Seelenpartner für eine Beziehung werden muss. Falls du denkst, deinem einzigartigen Seelenpartner bereits begegnet zu sein, kann es sein, dass du dich zu sehr auf ihn fixierst. Wenn du der Meinung bist, dass er und nur er der perfekte Partner für dich ist und es keinen besseren gibt, schränkst du dich wieder ein. Aber da ihr noch kein glückliches Paar seid, kann es sein, dass du dich zu sehr verbiegst, um die Beziehung möglich zu machen. Möglicherweise trägt er wenig zu eurer Beziehung bei oder sträubt sich sogar dagegen und du findest Ausreden für sein Verhalten. Am Ende denkst du noch, du müsstest einfach weiterhin

geduldig sein, auf ihn warten, an dir arbeiten, verständnisvoll sein, keine Forderungen an ihn stellen, ihn nicht unter Druck setzen, ihm bei seinen Problemen helfen usw. In eine Beziehung müssen immer beide Partner investieren und wenn der andere nicht mitzieht, dann ist er nicht der Richtige für dich.

4. Erlaube dir, den für dich perfekten Partner innerhalb deiner Seelenfamilie, aber auch in einer anderen Seelenfamilie zu finden. Am Ende spielt es keine Rolle mehr - Hauptsache ihr seid glücklich miteinander.

### Vorhersagen

Ein weiterer Aspekt, mit dem sich spirituelle Menschen das Leben gerne schwer machen, sind Vorhersagen. Dem, was andere für dich und deine Zukunft erkennen, wird manchmal blindes Vertrauen geschenkt.

Wenn ein Kartenleger oder Medium etwas in deinem Energiefeld sieht, so ist das eine Momentaufnahme, die ein mögliches Potential anzeigt. Es geht also um eine Tendenz. Das Medium kann erkennen, was am Wahrscheinlichsten ist, wenn du dich so wie immer verhältst. Mit der neuen Information und mit jeder Behandlung, bei der du etwas auflöst, veränderst du dich. Anschließend entstehen neue Potentiale für deine Zukunft. Die Aussage des Mediums kann nach einigen Tagen bereits hinfällig sein, da sich die Gegebenheiten geändert haben oder einer von euch eine neue Entscheidung getroffen hat.

Je nachdem wie gut und erfahren der Kartenleger ist, kann es sein, dass er mit deinen Hoffnungen und Erwartungen in Resonanz geht und diese Schwingungen auffängt. In dem Fall sagt er dir unbewusst genau das, was du hören möchtest. Er spiegelt dir deine Energie lediglich zurück. Es ist für dich also wichtig, dass du diese Informationen als Potentiale siehst und nicht als fixe Zukunftsvision. Nimm sie als Anstoß, vielleicht etwas in deinem System aufzulösen, zu heilen oder anders als bisher zu machen, damit du andere Resultate bekommst.

Schlimmstenfalls kann diese Zukunftsvision das positive Potential sogar verändern. Das kann der Fall sein, wenn du dich auf diese Vorhersage verlässt und dich ab da anders verhältst, als du es ohne diese Information tun würdest. Genau die Handlung, welche zur Verwirklichung der glücklichen Zukunft geführt hätte, findet nicht mehr statt, weil du vielleicht nur noch abwartest.

Warten ist daher meist die schlechteste Variante. Wenn du wartest, findet keine Aktion statt, es kommt keine Energie in Bewegung, und du drehst dich im Kreis.

Nutze also all die esoterischen Möglichkeiten. Aber achte darauf, dies in einer vorteilhaften Weise für dein Glück zu tun.

Vor Jahren erzählte mir Katharina in einer Behandlung, dass sie schon wieder online einen Inder kennengelernt hat. Aber da es mit den Indern vorher nicht geklappt hat, wollte sie sich gar nicht mehr mit ihm treffen. Im Akasha Chronik Reading sah ich jedoch das große Potential der beiden Seelen und empfahl ihr, ihn sich wenigstens unvoreingenommen anzusehen. Inzwischen sind sie verheiratet und haben ein gemeinsames Kind. Man muss dem Schicksal also schon die Chance geben, das Richtige einzufädeln.

Aufgabe: Löse dich von romantischen und esoterischen Vorstellungen, die dich von deinem Glück abhalten.

**„Ich habe die Absicht den perfekten Partner in mein Leben zu ziehen, am liebsten einen Seelenverwandten."**

*„Die Freude ist überall.
Es gilt nur sie zu entdecken."
Konfuzius*

# 19 Erstes Kennenlernen

Hat es geklappt? Hast du erste Kontakte geknüpft mit einem potentiellen Lebenspartner? Herzlichen Glückwunsch! Jetzt geht es um das erste Kennenlernen, das gegenseitige Beschnuppern. Offensichtlich bist du mit jemanden in Resonanz gegangen und erachtest ihn als möglichen Kandidaten für den weiteren Lebensweg. Jetzt gilt es, ein paar Dinge zu beachten.

Grundsätzlich ist es so, dass die meisten Menschen beim Kennenlernen und am Beginn einer Beziehung versuchen, ein gutes Bild von sich zu zeigen. Da ist der Mann noch ein richtiger Gentleman und zeigt sich von seiner Schokoladenseite. So wie auch du Stunden im Bad verbringst und dich für das erste Date hübsch machst. Es fühlt sich toll an, wenn man merkt, dass sich der Andere Mühe gibt. Erscheint jemand in einer löchrigen, fleckigen Jogginghose zum ersten Kennenlernen, sagt das viel über ihn und die Wichtigkeit eures Treffens aus. Man darf sich für den anderen also ruhig ein wenig Mühe geben.

Ganz ehrlich: Besser wird es auch nicht! Was dir der andere am Anfang bietet verändert sich im Alltag und eventuell musst du im Laufe der Zeit ein paar Abstriche machen. Also sei ganz realistisch und sieh dir die Fakten an. Will der Mann Zeit mit dir verbringen? Gibt er sich Mühe für ein Treffen? Hat er die Verhaltensweisen, die du dir von einem Partner wünschst? Ist er definitiv kein Horror-Mann?

### Entscheidungskriterien

Es gibt drei wichtige Punkte, die du bei deiner Entscheidung für oder gegen einen Mann im Blick behalten solltest:

1. **Entspricht er deinen Erwartungen und Anforderungen?**

   Zunächst geht es darum, ihn mit den Punkten deiner Horror-Mann Liste abzugleichen, denn vielleicht fällt dir gleich ein Ausschluss-Kriterium auf. Lass ihn in dem Fall ziehen und gehe keine faulen Kompromisse ein. Hat er den ersten Test bestanden? Wenn er kein Horror-Mann ist, kannst du ihn dir genauer ansehen. Lerne ihn mehr und mehr kennen. Gleiche ihn mit deiner Wunschliste ab und entdecke im Laufe der Zeit hoffentlich noch mehr passende Punkte.

2. **Ist er bereit dazu, seinen Teil zu einer Beziehung beizutragen?**

   Der perfekte Mann nützt dir nichts, wenn er sich nicht für dich entscheidet. Hat er mit jemand anderem noch Karma aufzuarbeiten? Hängt er in einer familiären Verstrickung fest und erlaubt sich das eigene Liebesglück nicht? Findet er Ausreden, die ein näheres Kennenlernen verhindern? In diesen Fällen macht es keinen Sinn, dich in etwas zu verrennen, das von Anfang an unter keinem guten Stern steht. Lass ihn ziehen. Wenn es wirklich einen Seelenvertrag zwischen euch gibt, wird er alle Hebel in Bewegung setzen, um sich aus seinen Verstrickungen zu lösen und mit dir in eine gemeinsame Zukunft zu starten. Dazu habe ich vor Jahrzehnten einen Spruch gelesen, der sich seitdem immer wieder als richtig bewahrheitet: „If you love something, let it go. If it comes back to you, it is yours. If it doesn't come back, it never was." Wenn du etwas liebst, dann lasse es los. Wenn es zu dir zurückkommt, ist es deins. Wenn es nicht zurückkommt, dann war es nie deins. Vertraue darauf, dass eure Seelen das Richtige tun, egal was dir dein Ego einflüstert. Tue dir selbst den Gefallen, nicht unendlich Ausreden für sein verletzendes, abwehrendes oder ignorantes Verhalten zu finden. „What you see is what you get." Du bekommst das was du siehst, nicht das, was du gerne möchtest.

3. **Stimmt die Chemie zwischen Euch?**

   Es macht keinen Sinn, mit dem besten Kumpel in eine Liebesbeziehung zu starten, ohne sexuelle Anziehungskraft. Genau die sexuelle Anziehungskraft ist es, die den Unterschied macht zwischen Freundschaft und Liebesbeziehung. Wäre dir ein Mann unsympathisch, würdest du dir nicht die Mühe machen, die Wunschliste zu checken. Doch Fakten alleine reichen für eine Liebesbeziehung nicht aus, auch wenn sich Gefühle im Laufe der Zeit entwickeln können. Aber eine Basis für das Wachstum der Liebe muss da sein. Man muss sich also sprichwörtlich gut riechen können.

Daneben gibt es noch ein paar Punkte, die du im Auge behalten solltest, damit sie dir in der wichtigen Kennenlernphase nichts zerstören.

## Online-Dating

Wenn du in den vorherigen Kapiteln ehrlich zu dir gewesen bist, dann weißt du inzwischen wer du bist und welche Macken du vielleicht noch verändern möchtest, um dich noch mehr lieben zu können. Du weißt außerdem, welchen Mann du an deiner Seite brauchst, um dauerhaft glücklich sein zu können. Nachdem du herausgefunden hast, wer du bist und was dich ausmacht, solltest du die Männer das sehen lassen. Also keine Fotos online stellen, bei denen du nicht erkennbar bist. Realistische Alltagsbilder reduzieren unnötige Zurückweisungen. Auch viele Männer haben bereits negative Erfahrungen gemacht. Auf der Suche nach einer Partnerin fürs Leben wollen auch Männer nicht mehr getäuscht werden. Achte also darauf, dass du – falls online Dating Plattformen genutzt werden – ein realistisches Bild von dir zeigst. So weiß ein Mann, worauf er sich einlässt und du kannst unnötige Enttäuschungen auf beiden Seiten vermeiden.

Natürlich spielt die Optik vor allem online eine Rolle, ob jemand näher hinsieht oder nicht. Aber ganz im Ernst, wenn du dich wie ein sexy, laszives Top-Model präsentierst und die Wirklichkeit bis zur Unkenntlichkeit verfälschst, was soll das bringen? 90 % der Männer, die dich daraufhin kontaktieren, sind einfach nur hormonell unausgeglichen und suchen ein wenig Ablenkung, keine Partnerin. Sollte sich also ein Mann bereits nach 20 Minuten Chatten nach deiner Intim-Rasur erkundigen und du kurz darauf ungefragt das erste Foto seines „besten Teils" geschickt bekommst, ist er wahrscheinlich nicht dein Seelenpartner! Sollte dir langweilig sein, kannst du in solche Männer Zeit und Energie investieren. Sei aber realistisch genug, dass du so mit ziemlicher Sicherheit keinen Seelenpartner in dein Leben ziehst.

Doch selbst, wenn du ein ehrliches Bild von dir präsentierst, können online Stolperfallen warten. Leider gibt es unzählige Fake-Accounts. Das kann der Familienvater sein, der mit falschen Fotos auf der Suche nach Ablenkung ist oder professionelle Abzocker, die nur an dein Geld wollen. Daher beherzige diesen Tipp: Schreibe nicht wochenlang mit jemandem, von dem du nicht einmal weißt, welche Identität er wirklich hat. Heutzutage kann jeder – wirklich jeder – mit Video telefonieren. Versichere dich also so schnell wie möglich, dass er wirklich derjenige ist, für den er sich ausgibt.

Wenn du so schnell wie möglich ein Video-Gespräch mit jemandem führst, merkst du sehr schnell, ob dir seine Mimik und Ausdrucksweise sympathisch sind oder nicht. Wenn dir die Stimme eines Mannes unangenehm ist oder dir bei seinem Dialekt ein Schauer über den Rücken läuft, ist das kein gutes Zeichen. Andernfalls kann dir jemand beim Telefonieren gleich viel sympathischer werden als durch ewig langes Schreiben. Sollte jemand Ausreden suchen, warum das nicht möglich ist, kannst du sofort aufhören, Energie in diesen Kontakt zu investieren. Das Gleiche gilt anschließend auch für das erste Treffen. Wenn du nicht nur an einer platonischen Beziehung interessiert bist, musst du den Mann persönlich treffen. Ob die Chemie zwischen euch stimmt, findest du nur live heraus.

### Kommunikationsprobleme

Viele Probleme entstehen heutzutage durch schlechte Kommunikation. Inzwischen läuft viel Korrespondenz über Textnachrichten. So praktisch und faszinierend diese Möglichkeit ist, sie ist prädestiniert dafür Missverständnisse hervorzurufen. Nicht jeder ist perfekt darin, die verschiedenen Smiley-Gesichter richtig zu deuten und durch die knappe Ausdrucksweise beim Schreiben, hat man sehr viel Spielraum, die Lücken drum herum mit eigenen Interpretationen zu füllen.

Christine war ein leuchtendes Beispiel dafür. Sie und ihr Freund Tobias haben sich im Rahmen ihrer Fernbeziehung sehr viel über Chats ausgetauscht. Wir wissen inzwischen, dass Frauen in der Regel kommunikativer sind als Männer. Das zeigt sich unter anderem in der Länge und Häufigkeit der Textnachrichten. Bei Christine kam immer mehr Unzufriedenheit auf, weil Tobias ihrer Meinung nach nicht schnell oder ausführlich genug reagierte. Das hat bei ihr ein altes Verhaltensmuster ausgelöst: Angriff ist die beste Verteidigung! Im Falle von Frauen zeigt sich der Angriff oft durch Zickigkeit. Christine war bewusst, dass sie mit ihrer Zickigkeit genau das Gegenteil erreicht von dem, was sie sich wünscht. Obwohl ihr das bewusst war, passierte es automatisch. Sie hat es geschafft, die Zickigkeit in den vielen Chats zu perfektionieren. Wenn ihr Freund nicht so reagiert hat, wie sie es erwartete, suchte sie bewusst Streit mit ihm. Sie konnte sich nicht mehr stoppen und schickte eine bösartige Nachricht nach der anderen. Er wurde von ihr unaufhörlich mit Vorwürfen und Beschimpfungen bombardiert. Sie wollte ihn verletzen, weil sie sich von ihm verletzt fühlte. Diese Beziehung hat das leider nicht überlebt, doch sie hat daraus gelernt, um es beim nächsten Mann besser zu machen.

Christines Verhalten ist leider kein Einzelfall. In der Regel greifen wir andere an, wenn wir meinen, uns verteidigen zu müssen. Wir haben Angst, verletzt zu werden. Je nachdem mit welcher Strategie wir einmal Erfolg hatten, wiederholen wir dies immer wieder. Doch wie läuft so etwas ab? Zunächst legt man sich im

Kopf eine Geschichte zurecht, warum der andere so reagiert. In der Regel schneidet er dabei nicht gut ab. Oft sind das Täter-Opfer Geschichten, die uns das Unterbewusstsein serviert. Doch was ist die Wahrheit hinter so einer Geschichte? Diese kann in jedem Fall anders sein. Meist legen wir uns genau die Wahrheit zurecht, in der wir das Opfer sind und der andere uns absichtlich verletzen oder demütigen will. Je nachdem, wie du gestrickt bist, gehst du entweder in den Kampf- oder Fluchtmodus über. Beim Kampf-Modus versuchst du den anderen zu verletzten und fertig zu machen, egal, was es dich kostet. Im Flucht-Modus findest du Gründe, um dich zurückzuziehen oder den Kontakt abzubrechen. Erkennst du etwas davon?

Vielleicht möchtest du das nächste Mal, wenn es Missverständnisse gibt oder du dich verletzt fühlst, eine neue Strategie ausprobieren. In der Regel erzeugt Druck beim anderen Gegendruck. Anstatt dem anderen den Kampf anzusagen, könntest du versuchen, den Grund für deine Verletzung herauszufinden. Das gibt dir die Möglichkeit, künftig anders zu reagieren. Falls du bisher aus Konflikt-Gesprächen geflohen bist, könntest du versuchen, die Dinge mit dem Anderen auf Augenhöhe zu klären. Du möchtest doch, dass es anders läuft als bisher, oder? Dann musst du beginnen, Dinge anders zu machen als bisher. Ein persönliches Gespräch ist immer besser als 20 Text- oder Sprachnachrichten. Sollte es dir gelingen, nichts zu unterstellen, frei von Vorwürfen zu bleiben und ihm liebevoll mitzuteilen, wie du dich fühlst, habt ihr eine gute Chance, die Probleme aus der Welt zu schaffen.

Damit du diese Kommunikationsprobleme leichter überwinden kannst, gebe ich dir noch einen Tipp: Wenn dich etwas verletzt, hast du, wie gesagt, oft eine bestimmte Geschichte im Kopf. Du glaubst zu wissen, warum der andere das tut oder unterlässt. In der Regel bist du das Opfer und der andere der Böse, der dir das antut. Vielleicht stimmen deine Vermutungen auch und der andere verletzt dich absichtlich. Doch kannst du dir dessen wirklich 100 %-ig sicher sein? Wenn dir der andere deine Theorie bestätigt und dir sagt, dass es ihm egal ist, ob du dich verletzt fühlst, ist das ein deutliches Zeichen dafür, dass er nicht dein Seelenpartner ist. Doch in den allerwenigsten Fällen kommt es überhaupt so weit, dass wir eine Antwort vom Anderen bekommen. Meistens halten wir an unserer Story fest und der Andere bekommt unsere Reaktion zu spüren. Wir versuchen uns an ihm zu rächen für das, was er in uns ausgelöst hat. Leider ist Rache der Todesstoß für jede Beziehung. Daher versuche es künftig so: Jedes Mal, wenn du dich durch das Verhalten des Anderen verletzt fühlst, denke dir mindestens fünf mögliche Gründe für sein Handeln aus.

Bettina konnte die ganze Nacht nicht schlafen, weil Richard sich abends nicht mehr bei ihr gemeldet hat. Ihre Story lautete: Er hat eine andere und meldet sich deswegen nicht mehr! Mit dieser Geschichte im Kopf und dem vermeintlichen Ende der noch frischen Beziehung, hat sie sich die ganze Nacht die Augen aus dem Kopf geweint. Am nächsten Morgen hat er sich gemeldet, als wäre nichts passiert. Für ihn ist auch nichts passiert. Das Tragische ist, dass dies nicht nur einmal passierte, sondern öfters und Bettina jedes Mal eine schlimme Nacht hatte. Was hätte sie also tun können? Erstmal hätte sie sich klar machen können, dass ihre Geschichte nur eine mögliche Variante ist und nicht der Wahrheit entsprechen muss. Dann könnte sie sich fragen, welche Gründe es noch gäbe, warum er sich nicht meldet. Möglicherweise ist er auf der Couch eingeschlafen. Oder er hat schlichtweg vergessen sich zu melden. Oder er wollte so spät abends nicht mehr anrufen und sie aufwecken. Eventuell hat er mit jemand anderem telefoniert und hatte danach keine Lust mehr auf noch mehr Kommunikation. Vielleicht war sein Handy Akku leer oder er hat etwas geschrieben, aber nicht gesehen, dass es nicht versandt wurde. Natürlich ist es auch möglich, dass er einfach keine Lust hatte sich zu melden, dass er nichts zu erzählen hatte oder sich nicht sicher war, ob sie überhaupt möchte, dass er sich meldet. Möglicherweise hatte er auch gehofft, dass sie sich bei ihm meldet. All das und noch viel mehr ist möglich. Der springende Punkt ist, dass sie es nicht wissen kann. Ohne in dem Moment nachzufragen kann sie aber Folgendes tun: Sie kann sich genau die Alternative heraussuchen, die ihr das beste Gefühl gibt. Wenn er die Beziehung wirklich nicht mehr will und eine Andere hat, kann sie das sowieso nicht verhindern. Da es aber nur eine der Möglichkeiten ist, macht es keinen Sinn, sich die ganze Nacht um die Ohren zu schlagen und Zweifel in die Beziehung zu streuen. Solange du die Fakten nicht kennst, gewöhne dir an, die bestmögliche Alternative in Erwägung zu ziehen. Wie heißt es so schön bei Gericht? Im Zweifel für den Angeklagten.

Davon abgesehen macht es in einer ehrlichen Beziehung Sinn, dem anderen mitzuteilen was man braucht. Wenn dir die Textnachricht vor dem Einschlafen so wichtig ist, dann sag es dem Mann! Männer sind keine Hellseher! Du musst ihnen schon die Chance geben zu erfahren, was du dir von ihnen wünschst.

### Alte Routine

Die Kennenlernphase kann also einige Probleme bereithalten. Hier hilft dir ein Rückblick auf die vorherigen Male, in denen du jemanden kennengelernt hast. Wie lief das bisher? Warst du Diejenige, die dem Anderen hinterherlaufen musste und immer den ersten Schritt gemacht hat? Oder hast du dich vom vermeintlichen Prinzen erobern lassen und es ihm ein wenig schwer gemacht? Wer hat sich als Erster getraut, seine Gefühle zu zeigen? Von wem ging die Initiative aus?

Oft haben wir bestimmte Muster, die wir in ähnlichen Situationen abspulen. Wir meinen das gehört sich so. In unserem Kopf gibt es ein paar Wenn-Dann-Verknüpfungen für das Verhalten, das wir vom anderen erwarten. Wir stellen innerlich Regeln für das Kennenlernen und den gegenseitigen Umgang auf. Solch eine Verknüpfung könnte die Erwartung sein, dass du vom Mann zum Essen eingeladen wirst. Oder dass er dich nach dem dritten Date seinen Eltern vorstellt. Oder dass er dir täglich einen guten Morgen wünscht und dir abends schreibt und eine gute Nacht wünscht. Oder dass er sich das Wochenende komplett frei hält für dich. Wir haben gewisse Regeln im Kopf, wie es zu sein hat. Das Problem ist, dass wir davon ausgehen, dass der andere diese Regeln kennt. Dummerweise hat jeder andere Regeln. Wenn dir also etwas wichtig ist, dann teile es dem Partner mit, damit er die Chance hat, dir diesen Gefallen zu tun. Andernfalls sind wir wieder bei den zuvor erwähnten Kommunikationsproblemen.

Frage dich jetzt, welche Muster du hast und ob deine Muster so gut und richtig sind. Oder wäre es besser ein paar Veränderungen vorzunehmen? In dem Fall kannst du ähnlich vorgehen wie beim Verändern von Eigenschaften in den vorherigen Kapiteln. Kennst du den Grund dafür, warum es mit früheren Männern nicht funktioniert hat? Warum kein weiteres Treffen stattfand? Vielleicht erkennst du einen gemeinsamen Nenner, der der Grund dafür sein könnte. Möglicherweise hat dir ein Mann gesagt, was ihn stört, du hast es aber bisher nicht ernst genommen? Ab welchem Moment hattest du das Gefühl, dass das Interesse des anderen abnahm? Wann hast du einen Rückzieher gemacht? Was hat dich bisher gestört, so dass du die Beziehung beendet hast?

Auch wenn du nicht weißt, ob deine Vermutungen stimmen, kannst du diese Ideen für dich nutzen. Frage dich, welche Routine oder mögliche Reaktion du gerne ändern möchtest. Wie hast du bisher reagiert und wie könnte dein optimales Verhalten aussehen? Wie möchtest du künftig in ähnlichen Situationen reagieren? Diese neue Verhaltensmöglichkeit stelle dir in Gedanken vor, damit diese Option mindestens einmal in deinem Kopf durchgespielt wird. Jetzt musst du dich nur noch, sobald eine entsprechende Situation auftaucht, daran erinnern und dieses neue Verhalten auch anwenden. Mache dir bewusst, dass sich jedes neue Verhalten erstmal komisch und fremd anfühlt, denn genau das ist es ja. Du musst es also ein paarmal praktizieren, bis es sich gut und richtig anfühlt. Dabei kannst du immer besser werden.

## Das Potential im Manne

Frauen liegt es im Blut, die Erziehungsfunktion für die Kinder zu übernehmen. Doch viele Frauen weiten diese Kernkompetenz gerne auf Männer aus. In ihrem Optimismus sehen sie das brachliegende Potential in einem Mann, das nur auf die richtigen Anweisungen wartet, um sich zu entfalten. Aber in der Realität sieht es eher so aus, dass sich der Mann ganz wohl fühlt, so wie er ist. Kleinere Anpassungen macht er der Frau zuliebe vielleicht mit, doch dann ist Schluss mit der Kompromissbereitschaft. Die Frauen, die hartnäckig bleiben und den Mann in eine Form pressen, in die er gar nicht hinein möchte, büßen dies später. Manche Männer gehen fremd oder verlassen sie für Frauen, die sie so nehmen wie sie sind.

Wenn du dir eine weitere Enttäuschung ersparen möchtest, höre auf, das versteckte Potential im Mann zu suchen. Bleibe realistisch und sieh dir den Mann an, so wie er ist, so wie er sich gibt, mit allen Ecken und Kanten. Wenn du ihn so achten, schätzen und lieben kannst wie er ist, könnt ihr auf Augenhöhe eine gute Beziehung beginnen. Den gleichen Respekt wünschst du dir vermutlich auch von ihm, oder? Falls der Auserwählte von Anfang an nicht gerne schreibt oder anruft, aber deine Vorschläge gerne annimmt, lebe mit dieser Eigenheit und wirf es ihm nicht vor. Er ist dann einfach nicht der pro-aktive Typ oder legt keinen Wert auf Kommunikation. Solltest du aber keine positive Rückmeldung bekommen auf deine Versuche die Beziehung zu intensivieren, so hat das seinen Grund. Frauen sind meist übertrieben verständnisvoll und finden immer Ausreden für den Mann, warum er jetzt nicht schreiben, telefonieren, sich treffen oder den Freunden oder Eltern vorstellen kann. Von gemeinsamen Urlauben ganz zu schweigen.

Lass dir gesagt sein: Männer sind immer noch Jäger und Sammler! Wenn sie etwas möchten, dann tun sie auch etwas dafür. Zeit für einen Smiley, eine Text-Nachricht, Sprachnachricht oder ein kurzes Gespräch hat man in der Regel, bzw. man nimmt sich die Zeit, wenn es einem wichtig ist. Frage dich also ehrlich, ob der Mann wirklich an dir und einer Beziehung interessiert ist. Oder vergeudest du deine Zeit und riskierst eine erneute Verletzung und Zurückweisung? In dem Fall wünsche ihm alles Gute für seine Zukunft, denn auch für diesen Deckel wird es irgendwo den passenden Topf geben - auch wenn du es nicht bist.

## Sich riechen können

Kennst du den Spruch „Die zwei können sich nicht riechen."? Wir Menschen halten uns inzwischen für wahnsinnig zivilisiert. Doch unser Körper funktioniert noch im Steinzeit-Modus. Wenn du dem Jäger und Sammler also durch Gebrauch von Parfum eine falsche Duft-Fährte legst, brauchst du dich anschließend nicht wundern, wenn er dich irgendwann nicht mehr riechen kann. Du hattest bestimmt schon Menschen in deinem Umfeld, deren Geruch dir unangenehm war, oder? Also gib dem Mann die Chance, dich mit seinen Instinkten wahrnehmen zu können, sprich: Lass ihn dich riechen und nicht immer nur Parfums.

Im Gegenzug ist es für dich wichtig, den Geruch des Mannes zu mögen. Wenn du ihn erst jedes Mal vor dem Sex in die Dusche und zum Zähneputzen schicken musst, lässt das keinen Spielraum für Spontanität. Der Mann wird sich auch nicht mehr geliebt und geachtet fühlen, was auf Dauer zu Problemen in der Partnerschaft führt.

Wie wäre es also, wenn du dich entscheidest, das persönliche Aphrodisiakum für deinen Seelenpartner zu sein, von dem er nicht genug riechen kann?

**Augenhöhe**

Ein sehr wichtiger Punkt in einer Beziehung ist das Thema Augenhöhe. Als Paar ist es wichtig, sich auf Augenhöhe zu begegnen. Das bedeutet, dass du dich nicht klein machst oder ihn auf einen Sockel stellst. Stelle dich auch nicht über ihn und behandle ihn nicht wie einen kleinen Jungen, dem man alles sagen muss. Eine Beziehung kann natürlich trotzdem funktionieren, wenn ihr alte karmische Muster lebt oder euch so gegenseitig Bedürfnisse stillt, die durch einen Mangel an Liebe durch die Eltern entstanden sind. Aber die Paarbeziehung profitiert selten von so etwas.

Wenn du dich beispielsweise nach der Liebe deines Vaters sehnst und dein Mann dir geben soll, was du vom Vater an Liebe und Aufmerksamkeit nicht bekommen hast, kann das Probleme in der Sexualität verursachen. Wenn einer von beiden dauerhaft in der unterlegenen Position ist, wird er irgendwann rebellieren und dagegen ankämpfen oder resignieren und jede Motivation in der Partnerschaft verlieren. Die einen machen das im offenen Kampf, indem es ständig Streit und Diskussionen gibt. Andere machen es subtil im Hintergrund, indem sie fremdgehen und sich so am Partner rächen.

Achte also von Anfang an darauf, dass du einen Partner auf Augenhöhe wählst. Das heißt nicht, dass ihr alles gleich gut können müsst. Es geht um das innere Empfinden der gegenseitigen Achtung. Der Respekt dem Mann gegenüber entscheidet darüber, ob ihr euch auf Augenhöhe begegnen könnt.

## Geben und Nehmen

In einer guten Beziehung versucht jeder, dem anderen seine Liebe zu geben und bekommt im Gegenzug Liebe zurück. Optimal ist es, wenn jeder mehr gibt als er gefühlt bekommt, dann wächst der Liebesberg stetig. Wenn du in eine Beziehung gehst mit der Absicht, dem Mann deine Liebe zu geben, ist das eine hervorragende Basis. Dein Seelenpartner wird ebenfalls diese Absicht haben und so wächst eure Liebe mehr und mehr. Eure Bindung wird von Tag zu Tag intensiver. Solltest du in der Kennenlernphase erkennen, dass der Mann keinen 7. Sinn für einen guten Ausgleich von Geben und Nehmen hat, ist er vermutlich nicht dein Seelenpartner oder muss das Geben und Nehmen erst lernen. Je nachdem, welche unverarbeiteten Traumata Menschen haben, können sie dazu neigen, immer nur zu nehmen und nichts zurückzugeben. Sie haben das Gefühl, die anderen wären ihnen noch etwas schuldig. Egal wie viel du gibst, es ist nie genug. Aber schlimmer noch, sie nutzen dich aus und geben dir nichts zurück.

In der Beziehung mit einem Seelenpartner wird dies eher nicht passieren. Die gegenseitige Liebe wird dafür sorgen, dass jeder dem anderen so viel geben möchte, wie er nur kann. Achte also darauf, ob der Ausgleich zwischen euch stimmt. Das ist nichts, was ausgerechnet werden kann, es geht um das innere Gefühl. Bekommst du vom anderen mindestens genauso viel zurück, wie du ihm gegeben hast? Wenn nicht, dann höre auf zu geben und warte, bis der andere für einen Ausgleich gesorgt hat, denn vielleicht muss er es noch lernen. Nur so könnt ihr wieder auf Augenhöhe kommen. Wenn nichts von ihm kommt, weißt du genau, dass es nicht der Richtige ist. In der Regel zeigt sich diese innere Einstellung sehr schnell in vielen Kleinigkeiten, du musst nur darauf achten und in dich hinein fühlen.

Genau hier unterscheiden sich Beziehungen in der alten Energie und neuen Seelenpartnerschaften. Möchtest du einen Partner, der permanent auf seinen Vorteil aus ist und alles aufgerechnet wird? Oder einen Partner, für den dein Wohl an erster Stelle steht und der die Absicht hat, dich glücklich zu machen?

Im Umkehrschluss gilt das natürlich auch für Frauen. Falls du das Gefühl hast, dass du bisher nicht genug gegeben hast, dann frage dich, welche alten Traumata geheilt werden müssen, damit du dies künftig kannst und du der perfekte Seelenpartner für jemand anderen sein kannst.

Je besser du den Anderen kennen lernst, umso besser kannst du abschätzen, welche Punkte von deiner Mann-Bestellung erfüllt sind und welche nicht. Das Universum streicht meistens ein paar Punkte weg, mit denen du gut leben kannst. Wenn aber für dich sehr elementare Punkte nicht zutreffen oder sogar so sind, wie du sie keinesfalls haben willst, lass ihn ziehen. Sei es dir wert, deine Bedürfnisse in einer Partnerschaft erfüllt zu bekommen. Solltest du Punkte entdecken, die dir wichtig sind, aber noch nicht auf deiner Liste stehen, dann kannst du diese jederzeit ergänzen.

Aufgabe: Erstes Kennenlernen zum Beschnuppern nutzen, sich den anderen genau anschauen, ihm aber auch eine echte Chance geben. Denke an deine Bestellung. Welche Punkte davon kannst du im Anderen erkennen? Welche alten Muster solltest du verändern, damit es diesmal dauerhaft gut geht?

*„Was im Ton übereinstimmt,*
*schwingt miteinander.*
*Was wahlverwandt ist im innersten Wesen,*
*das sucht einander."*
*I Ging*

# 20 In jedem Anfang liegt ein Zauber

Wie zauberhaft sind die ersten Wochen des Kennenlernens! Alles erscheint möglich! Wir sehen die Welt durch die rosarote Brille und malen uns die schönsten Zukunftsträume mit unserem neuen Partner aus. Jetzt geht es darum, dieses Gefühl der Verliebtheit in eine lange, gemeinsame Zukunft mitzunehmen. Dann darf aus Verliebtheit wahre Liebe werden.

In den meisten Beziehungen gibt es gelegentlich kleinere oder größere Krisen. Das ist völlig normal. Wenn du dich in diesen Momenten auf eure Liebe zueinander besinnst, könnt ihr diese Krisen viel leichter überwinden. Eine Möglichkeit ist, dass du dir in deinem Notizbuch oder Workbook aufschreibst, was genau du an diesem Mann so liebst. Noch bevor die Alltagsprobleme oder eine Routine eintritt, kannst du eine Basis für später schaffen. Vielleicht hilft es dir später, wenn du diese Notizen durchlesen kannst. Dann wird dir wieder bewusst, warum du dich für ihn entschieden hast. Indem du deinen Blick wieder auf die Schokoladenseite des Partners richtest, kannst du die Energie in eurer Beziehung ins Positive verändern.

Neben diesen Notizen kann es auch hilfreich sein, dir von Zeit zu Zeit die Notizen über dich durchzulesen. Du hast dich bereits mehr und mehr zu der Person entwickelt, die du sein möchtest. Du hast dir neue Verhaltensweisen angewöhnt und reagierst nicht mehr automatisch, so wie früher. Leider neigen wir in Krisensituationen dazu, wieder in alte Muster zurück zu fallen. Das sind die Momente, in denen ein ehemaliger Raucher schwach wird und aus der einen Stress-Zigarette wird die alte Raucher-Routine. Bei anderen bricht vielleicht die alte Eifersucht durch und sie würden den Partner am liebsten kontrollieren oder zickig reagieren. Damit dir das nicht passiert, sondern du diese tolle neue Version deiner selbst bleiben kannst, lies dir zur Verstärkung immer wieder durch, wer du bist, was dich ausmacht und wie du sein möchtest. Natürlich kannst du auch weiterhin an dir arbeiten und dir neue Verhaltensweisen angewöhnen, indem du mit all den geschilderten Aufgaben dein Glaubenssystem veränderst.

Solltest du auf dem Weg Unterstützung benötigen oder Traumata auflösen wollen, suche dir einen guten Coach oder Heiler, der dich dabei unterstützt. Du musst nicht alles alleine schaffen. Alle erfolgreichen Menschen, egal ob Hochleistungssportler oder Schauspieler, haben ihre Mentoren und Coaches. Du darfst dir also gerne ebenfalls jemanden zur Unterstützung suchen, damit dein Leben und deine Beziehung wirklich so glücklich sind, wie du es dir gewünscht und verdient hast.

Das Leben ist zu kurz, um immer wieder die gleichen Fehler zu machen. Darum lasse dir dabei helfen genau die zu sein, die du sein möchtest und das Leben zu leben, auf das du im Alter stolz sein kannst.

Viel Erfolg und Liebe in deinem Leben!

# Danke

Was für eine wunderbare Erfahrung, mich beim Verfassen dieses Buches an all die Behandlungen mit meinen Klientinnen zu erinnern, bei denen das Thema Partnerschaft noch nicht in Harmonie war. All die Blockaden, die wir gemeinsam auflösen durften und all die Traumata, die geheilt wurden. Ich bin dankbar für das Vertrauen meiner Klientinnen, sie in dieser verletzlichen Zeit begleiten und unterstützen zu dürfen.

Miterleben zu dürfen, wie mutig sich meine Klientinnen trotz schlimmster Verletzungen auf das Abenteuer Partnersuche eingelassen haben, zeigte mir, wie viel Kraft selbst nach schlimmen Lebensphasen in uns steckt. Es ist wirklich nie zu spät, sich für eine Partnerschaft zu entscheiden. Das Alter oder die Vergangenheit spielen keine Rolle, denn wir können uns jeden Moment neu dazu entscheiden glücklich zu sein.

Vor allem aber danke ich all meinen Freundinnen, die mich in den vielen Höhen und Tiefen meiner Beziehungen unterstützt haben. Danke dafür, dass ihr mir zugehört habt, wenn ich jemanden zum Reden brauchte. Danke für eure Tipps, damit ich eine bessere Entscheidungsgrundlage hatte. Danke, dass ihr bedingungslos hinter mir gestanden habt, egal, ob ich eine Beziehung beendet oder ihr entgegen eurer Ratschläge noch eine Chance gegeben habe.

Ich hoffe, dass meine Erfahrungen als Frau und Therapeutin noch vielen Menschen helfen, dieses so wichtige Lebensthema einer Beziehung in die Heilung zu bringen. Daher gilt mein Dank natürlich auch all den Männern, die mir im Laufe meines Lebens bei den verschiedenen schönen und schmerzlichen Lernerfahrungen behilflich waren. Sie haben somit auch zu diesem Buch beigetragen, ohne dass einer von uns das damals erahnen konnte.

Für die große Unterstützung beim Korrekturlesen bedanke ich mich bei Christa Biste, Venecia Thomä, Elisabeth Ritter und Ana Maria Fink. Myra Sastrahardja danke ich für die professionelle Umsetzung all meiner Wünsche für das Cover dieses Buches.

Last but not least: Ganz besonders dankbar bin ich natürlich meinem Mann Cris und der Magie, die uns zusammengebracht hat. In meinen kühnsten Träumen hätte ich mir nicht vorstellen können, dass es jemanden gibt, der so perfekt zu mir und meinen Vorstellungen vom Leben passt und mir in jeder Sekunde das Gefühl bedingungsloser Liebe gibt. Danke, danke, danke!

## Über die Autorin

Sandra Gijsbers, geboren 1974, ist Heilpraktikerin und Coach. Nach ihrem Studium Internationales Marketing arbeitete sie als Produktmanagerin, Prokuristin, Sekretärin und Marketing-Leitung in verschiedenen Unternehmen. In ihrer Freizeit nahm sie über Jahre an verschiedenen Aus- und Fortbildungen in energetischen Heilweisen teil. 2005 hat Sandra Gijsbers sich nebenberuflich als Energetische Heilerin selbständig gemacht. Seit 2010 arbeitet sie hauptberuflich als Heilerin und eröffnete 2012 ihre Heilpraktiker Praxis in der Nähe von Heidelberg. Seit dem Umzug in die Niederlande 2016 befindet sich der Sitz der Praxis in Krefeld.

Durch jährlich mehrere internationale Kurse und Ausbildungen erweitert Sandra Gijsbers ständig ihr Wissen und damit die Möglichkeiten, ihre Klienten bei deren verschiedenen Herausforderungen zu unterstützen. Diese Kombination verschiedener Heil- und Coaching-Methoden spiegelt sich auch in diesem Buch wider, so dass der Leser, wie in einem persönlichen Coaching, selbst für sein Glück aktiv werden kann.

Als im Sternzeichen Krebs Geborene, liegt Sandra Gijsbers vor allem das Thema Partnerschaft und Harmonie am Herzen. Ihr Aszendent Jungfrau sorgt für die gut strukturierte Weitergabe ihres Wissens. Für diesen Schwerpunkt in ihrem Leben und in ihrer Coaching-Praxis ist sie ständig auf der Suche nach besseren, schnelleren Lösungen für die verschiedenen Lebensprobleme ihrer Klienten. Sandra Gijsbers ist in Neumarkt in der Oberpfalz geboren, hat 20 Jahre in der Nähe von Heidelberg gelebt und wohnt jetzt mit ihrem Mann und ihren Tieren bei Eindhoven in den Niederlanden, wo sie auch Seminare und Ausbildungen in Deutsch veranstaltet.

Nähere Informationen über ihre Tätigkeit als Heilpraktikerin & Coach finden sich auf www.sancri.de.

Seminare und Ausbildungen sowie gratis Angebote sind zu finden auf www.sancrihealing.com .

# Kontakt

Sancri Healing
Sandra Gijsbers
Wilmendyk 78a
47803 Krefeld

info@sancri.de

www.sancri.de

www.sancrihealing.com

**Hier findest du das kostenlose Workbook als PDF-Datei downloaden:**

**https://www.sancrihealing.com/spwb**

SANCRI HEALING®

MYRA SASTRARAHARDJA ist Künstlerin und Gestalterin des Buchcovers „Lass dich vom Seelenpartner finden“. In ihrem Artstudio MYRACLE widmet sie sich mit Leidenschaft der Malerei, Illustration und dem digitalen Design. Ihr Steckenpferd ist die intuitive Malerei, in der sie sich frei von Gedanken und Vorgaben von ihrem Gefühl an der Leinwand leiten lässt. So entstehen bunte und phantasievolle Werke, die voller Details und oftmals tiefer Bedeutung stecken.

Als naturverbundener Mensch und stolze Besitzerin von drei Hunden liegt es Myra sehr am Herzen, sich für ein nachhaltiges Leben einzusetzen. Aus diesem Grund hat sie ebenso eine kleine Druckwerkstatt ins Leben gerufen, in der sie unter dem Label MEET THE MOCHIS handbedruckte und handgefertigte Produkte für ein nachhaltiges Leben anbietet. Ihre drei Hunde, liebevoll die „Mochis“ genannt dienen dabei als Inspiration und Designvorlage.

Mehr zu Myras Kunst und ihrem Onlineshop:

**www.myracleways.de** und
**www.meet-the-mochis.com**

Printed in Poland
by Amazon Fulfillment
Poland Sp. z o.o., Wrocław

38883225R00077